ドラッカー 100の言葉

経営学の父が説く
人生を成功に導く発想

藤屋伸二 著

宝島社

ドラッカー 100の言葉

経営学の父が説く人生を成功に導く発想

藤屋伸二　著

ドラッカー100の言葉

目次

1章 “今”をどう読み解くか【認識編】

2章 着実な前進を図るには【構想編】

3章 未来を築く組織をつくる【構築編】

4章　仕事で高く飛び続ける【運営編】

5章 自分を一流へと導く思考習慣【自己実現編】

カバー写真：アフロ／ゲッティイメージズ
カバーデザイン：妹尾善史（landfish）
編集協力：神崎宏則（山神制作研究所）
本文デザイン：株式会社遠藤デザイン（遠藤嘉浩、遠藤明美）
写真：P10～47：Claremont Graduate University/AP/アフロ
P52～91：Everett Collection/アフロ
P94～133：Claremont Graduate University/AP/アフロ
P136～175：ZUMA Press/アフロ
P178～217：ZUMA Press/アフロ

本書で取り上げているドラッカーの著書からの引用文は、適宜、表記等を変更しています。

1章

〝今〟をどう読み解くか

【認識編】

「市場」「顧客」などと簡単にいうが、
正しく向き合えている人は少ない。それらをいかに認識すべきか、
経営学の父・ドラッカーの言葉を見ていこう。

ドラッカーの言葉 ❶

未知のニーズへの洞察

マネジメントは、
市場を見つけ出すとともに、
自らの行動によって
市場を生み出す。

『現代の経営 上』(p.42)

Management not only
finds these "forces"
management creates them
by its own action.

── The Practice of Management ──

「企業は市場ニーズに応えるもの」という研究者は多い。だが、ドラッカーはそれを否定する。それだけでは企業活動を半分しか説明できないからだ。

20世紀初頭に大衆向け自動車の量産化に成功したフォード・モーターの創業者ヘンリー・フォードは、「自動車がない時代に、何が欲しいかと市場に聞いたら、『もっと速く走る馬車が欲しい』と答えただろう」と言ったという。アップル社の創業者スティーブ・ジョブズも同様に「形にして見せてもらうまで、人は何が欲しいかをわかっていないものだ」と述べていた。確かに、大ヒットしたiPhoneを誕生前から「これが欲しい」と思っていた人はいなかっただろう。

人は存在しない商品を「買いたい」と思うことはできない。画期的な新商品は、自ら創り出して市場に供給するしかないのだ。企業は人がつくり、人が経営し、人がニーズを満たす、極めて創造的で能動的な仕組みなのである。

ニューヨーク五番街のアップルストア。
ジョブズはニーズの先を行く多くの製品を世に送り出した

ドラッカーの言葉 ❷

顧客を創造する

企業の目的として有効な定義は1つしかない。すなわち、顧客の創造である。

『現代の経営 上』(p.46)

There is only one valid definition of business purpose: *to create a customer.*

—— The Practice of Management ——

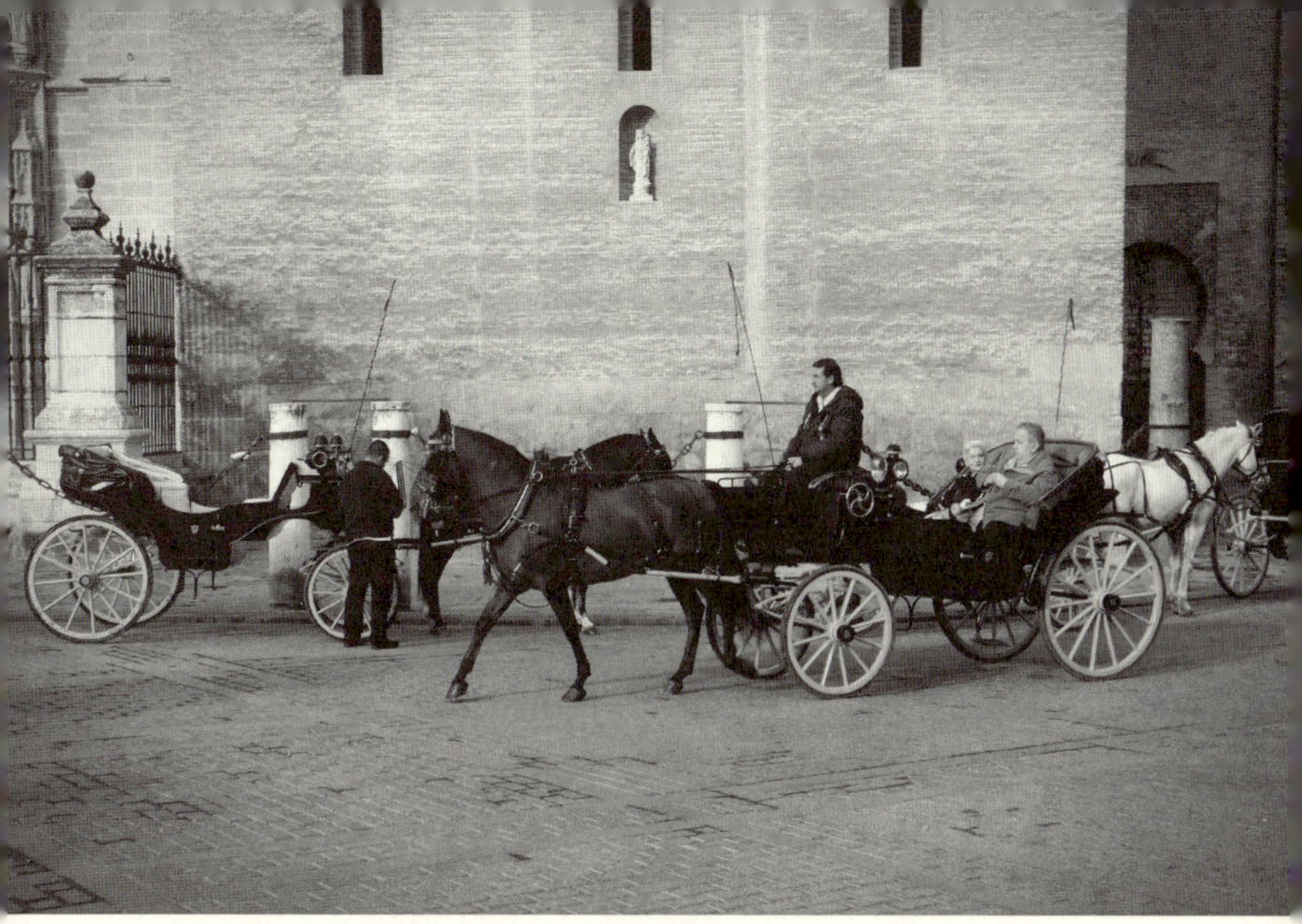

企業は、馬車の時代に「馬車でないもの」を生み出す必要がある　© Tupungato / Shutterstock.com

「市場」とは、神や仏や自然や経済によって、いつの間にか生み出されるような性質のものではない。企業活動によって創造されるものだ。

例えば、人々が「お腹が減った」と感じたとしても、そこにあるのは潜在的なニーズにすぎない。そのニーズに応えるための商品を開発し、売れる仕組みを構築したとき初めて顧客が生まれ、飲食という市場が発生する。

まったく新しい商品に関しては、ニーズ自体が発生していない。馬車の時代に、人は自動車を思い浮かべることができないのと同じだ。人は商品を見てから「欲しい」「こんな発想があったのか！」などと思うこともあるものだ。つまり、企業が商品を開発し、広告や営業活動で告知活動をすることによって、ニーズを発生させることも重要である。

こうした市場と顧客を創造する活動は、マーケティングとイノベーションによって行う企業家特有の活動である。

ドラッカーの言葉 ❸

マーケティングとは何か

**マーケティングは、
事業の最終成果、
すなわち顧客の観点から
見た全事業である。**

『現代の経営 上』(p.49)

It (=marketing) is the whole business seen from the point of view of its final result, that is, from the customer's point of view.

—— The Practice of Management ——

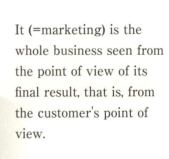

庶民派のスーパーでも、顧客が求めているのは品数や安さばかりとはかぎらない　© 1000 Words / Shutterstock.com

市場や顧客が求める商品やサービスを有料で提供するのが、企業の役割だ。

だから、販売力を強化し、専門の部門にマーケティングを任せるだけでは、企業のマーケティング活動は十分とはいえない。商品企画や設計・製造といった部門も含めて、企業全体がマーケティング志向を持つことが必要になる。例えば、小売の現場で「顧客を逃さないために」と、品数を増やしたり、値下げをしても、それが顧客のニーズに合致するとはかぎらない。

販売が「売りたいものを売る」という立場をとるのに対して、マーケティングは「顧客が買いたいものを売る」という立場をとる。そのため、「販売とマーケティングは、補完関係どころか、相反するもの」とドラッカーは指摘している。

製造部門が強い企業では、顧客の不満が反映されにくい。そのような企業ではマーケティング志向を企業全体に浸透させることができると、企業力は瞬《またた》く間に向上する。

ドラッカーの言葉 ❹

事業の根本への問い

正しい答えではなく、
正しい問いが必要である。

『創造する経営者』(p.19)

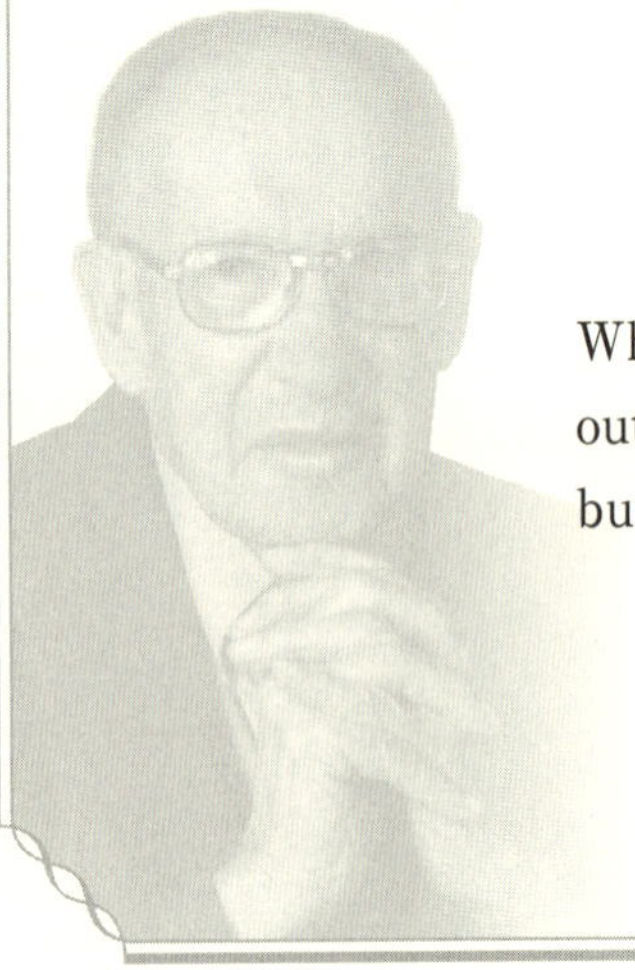

What needs to be brought
out is not "right answers"
but "right questions."

── Managing for Results ──

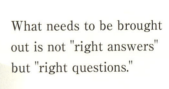

顧客の姿を正しく認識できているだろうか。焦らず根本に立ち返る問いが必要だ　© otnaydur / Shutterstock.com

商品やサービスを買うかどうかの決定権は顧客が持っている。また、独占企業でもないかぎり、必ず競争相手はいるものだ。

だから、業績向上のために事業を分析するときには、現状のさまざまなデータの分析から始めるのではなく、「そもそも対象顧客は誰か」「どんな人たちなのか」「それらの顧客にとっての価値は何か」といった、根本的な問いから始めなければならない。

すぐに正しい答えを得ようとするのではなく、例えば、「わが社の顧客は誰か?」「顧客はどこにいるか?」「誰が購入の決定に影響を与えるか?」といった、正しい問いから始めるのだ。「売れればいい」「コストが下がればいい」といった短期的な（根本的でない）視点から得られるような答えに飛躍の鍵はない。事業分析は「正しいことは何か」を知る問いから始めることが重要だ。

ドラッカーの言葉 ❺

答えは顧客にある

顧客と市場を
知っているのはただ一人、
顧客本人である。

『創造する経営者』(p.118)

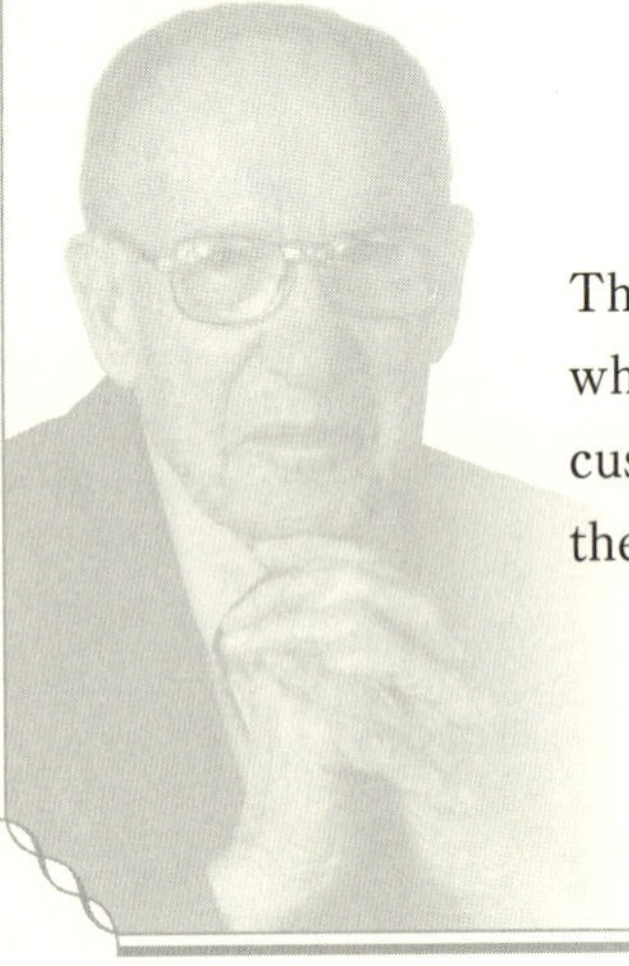

There is only one person who really knows (about customer and market) : the customer.

── Managing for Results ──

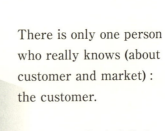

新しい商品やサービスが毎日のように市場に投入されている。そのすべてが売れるわけではないのは、なぜか。答えは単純だ。その新しい商品やサービスにおいては、顧客の求めるものがわかっていなかったからだ。だが、単純と簡単は違う。

企業は、「顧客は、こんな商品を欲しているだろう」と顧客の心を推し量り、新しい商品やサービスを世に送り出す。だが、その考えが正しかったかどうかは、商品がヒットするまではわからない。ヒット率が低いということは、その企業の顧客理解は間違っている場合が多い、ということだ。自分たちで勝手に推測したり、想像したりする前に、対象とする顧客のところに行って、よく見、よく聞き、質問して顧客を理解することだ。つまり、顧客のことは、顧客に聞く以外にないのだ。

生の顧客情報をもとに開発や仕入れを行うと、商品やサービスが顧客ニーズと合致し、売れる確率が上がっていく。

ニーズを肌で感じるためにデータ分析は一旦忘れ、積極的に街に出よう

ドラッカーの言葉 ❻

顧客の欲求と事業の定義

顧客の関心は、
価値や欲求や現実である。

『チェンジ・リーダーの条件』（p.34）

All he (=the customer) is interested in are his own values, his own wants, his own reality.

—— Management: Tasks, Responsibilities, Practices ——

商品の先に顧客は何を見ているのか。
何を得ようとしているのかを知る必要がある
© Matej Kastelic / Shutterstock.com

「その企業が何を製造したり、販売したりする企業か」を決めるのは顧客だ。これはすべての企業にあてはまる。

顧客が何を買ってくれるのか。そこがわかって初めて、その企業が「何を売るべきか」「どのように売るべきか」が決まってくるのだ。

また、顧客が何を買ってくれるかは、顧客自身のニーズだけで決まるのではない。「買いたいもの」を提供する競合相手との関係も計算に入れなければならない。つまり、自社の事業を定義する（＝「わが社は何で勝負するのか」を決める）ときには、「顧客ニーズ」と「競争相手の状況」から考えなければならないのだ。

顧客や競合相手は、決してこちらの都合を考えて行動を選択することはしない。顧客は買いたければ買うし、飽きれば買うのをやめる。競合相手は、模倣もすれば顧客も奪う。彼らが考えるのはただ、彼ら自身の欲求を満たすことだけなのだ。

ドラッカーの言葉 ❼

顧客が真に買いたいもの

企業が売っていると
考えているものを
顧客が買っていることは
稀《まれ》である。

『創造する経営者』(p.118)

The customer rarely buys what the business thinks it sells him.

── Managing for Results ──

不満の解消方法は無数にある。1つのアイデアに囚われないこと　© pisaphotography / Shutterstock.com

企業は、商品やサービスに価格をつけて売る。だから企業は、顧客が商品やサービスを買っていると思い込んでいる。

しかし、現実は違う。顧客が買っているものは「不足の充足」「不満や不便の解消」「問題の解決」などであり、商品やサービスは、それら問題解決の手段にすぎない。本当は、商品やサービスがもたらす「満足」を買っているのだ。顧客が求めるのは「今の不満の状態を解決して満足できた」という結果。それが得られれば、手段は何でも構わないのだ。

だから、「問題解決の手段」には、無数の代替案があるということになる。例えば、汗をかいて喉を潤したいときに飲むものは、ビールだけにかぎらない。アルコールである必要もない。なのに、ビール会社は、他のビール会社だけをライバルとみなし、その対策だけに努力を集中している。

顧客は喉を潤せるなら、ビールにこだわらない。この現実を忘れてはならない。

ドラッカーの言葉 ❽

高級車が買われる理由

**キャデラックの新車に
大金を支払う者は、
本当に輸送手段としての
車を買っている
のだろうか。**

『チェンジ・リーダーの条件』(p.35)

... does the man who
spends $7,000
on a new Cadillac buy
transportation ....?

── Management: Tasks, Responsibilities, Practices ──

1930年代のキャデラック。高級車の用途は、単なる交通手段ではない　© Gertan / Shutterstock.com

右の言葉は、現在の日本では、キャデラックよりベンツに置き換えたほうがわかりやすいだろう。

さて、ではベンツを買っている人は、交通手段としてベンツを買っているのだろうか。あるいは、ステータスシンボルとして買っているのだろうか。あるいは他の理由があるのだろうか。ただ言えるのは、国産の乗用車に比べれば値の張るベンツをわざわざ買う人が、ベンツを「ただの車」とみなしているはずはない、ということだ。

つまり、企業は常に「顧客は何を買っているのかを考えなければならない」ということだ。

近年、ドラックストアなどで日用品を〝爆買い〟する中国人旅行客を見かけるが、彼らは日本人と同じニーズで商品を求めているわけではない。「日本製」に伴う安心・安全を買っていると考えるべきだろう。

ならば、どのような品揃え、価格帯、ＰＯＰ、接客で顧客に訴えるべきか。そう考えれば、間違いなく、日本人客への訴求とは異なるはずだ。

ドラッカーの言葉 ❾

「ノウハウ」の本質

経済的な業績は
差別化の結果である。

『創造する経営者』(p.145)

Economic results are the
results of differentiation.

—— Managing for Results ——

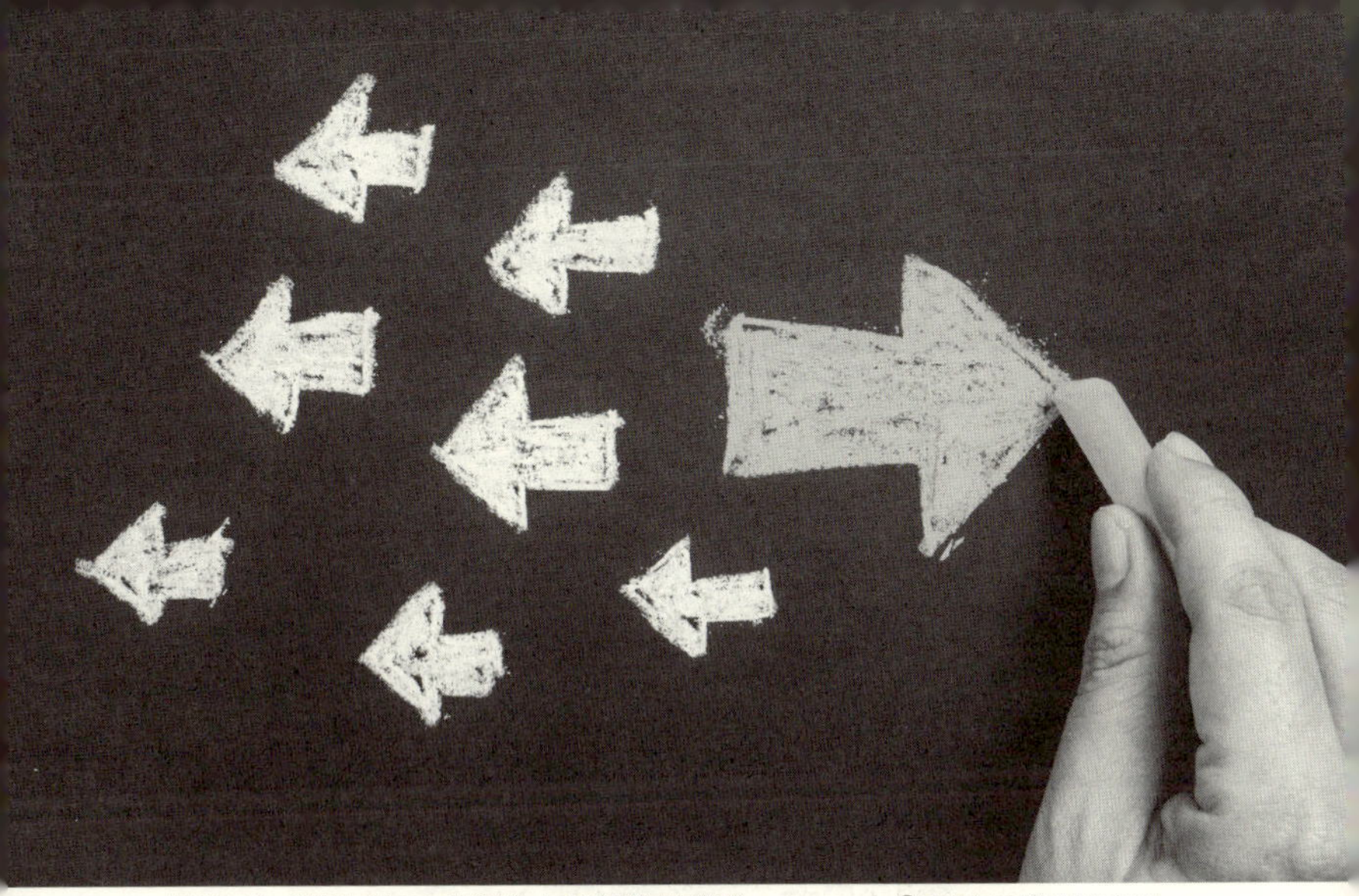

他社にはない選択肢があるか。技術がなくても差別化は可能だ　© patpitchaya / Shutterstock.com

他社と同じレベルの能力を持つだけでは、利益は出ない。利益は、他社と違う魅力を顧客に提供することの見返りとして得られるものだからだ。

その基になるのが、他社にはない知識（ノウハウ）である。

例えば、技術的には他社にもできるが、どこの会社も面倒くさくて対応を渋る付加サービスがあるとする。それを自分のいる会社は進んで行っており、そのことで顧客から選ばれている（＝差別化できている）のなら、それも立派なノウハウだ。家具の業者が顧客に家具を届ける際、古い家具を引き取ってくれれば、そのサービスが決め手で売上が伸びることは十分あり得る。

つまり、ノウハウとは、顧客・商品・サービス・業務に貢献して、初めて存在価値のあるものになるのだ。

言い換えれば、所有しているだけの知識や技術に意味はない。使いもしない特許を山ほど所有して、更新料を支払い続けながら、「技術の○○」などと喧伝《けんでん》するのは、単なる浪費にすぎない。

ドラッカーの言葉 ⑩

「企業活動＝事業」ではない

顧客が事業であるのと
同じように、
知識が事業である。

『創造する経営者』(p.144)

Knowledge is the business
fully as much as the
customer is the business.

—— Managing for Results ——

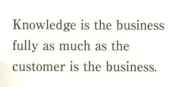

電話をかけるドラッカー。
1975年7月、カリフォルニア州クレアモントのオフィスにて

顧客がいなければ、売上は生じない。だから、顧客の存在が、企業活動を事業として成立させる要因になる。逆に言えば、顧客がいない（売上がない）なら、その活動は事業とは呼べない。そして、商品やサービスは、差別化した状態で提供できないと、買ってもらうことができない。ということは、差別化を図る知識（ノウハウ）が事業そのものになる。

従って、本やセミナーで得られるものは、単なる情報であって、ノウハウではない。ノウハウは情報を成果（業績）に結びつける能力なのだ。

こうした本質に気づかずに、ビジネス本をむさぼり読み、セミナーを渡り歩く人を見かけるが、もし、そうした活動が業績に結びついていないのなら、それは金と時間の浪費にすぎないといえる。

ドラッカーはアメリカの大学で教鞭を執っていた頃、毎年半月ほどスケジュールを空け、1年を反省して、次の1年のコンサルティング、執筆、授業の仕事のバランスを検討したという。知識を業績につなげるための準備を大切にしていたのだ。

ドラッカーの言葉 ⓫

変化が脅威になるとき

企業や産業にとって
脅威であるかに見える
新しい事態にこそ、
隠された機会が存在する。

『創造する経営者』(p.222)

There are hidden opportunities in developments that seem to threaten a business or an industry.

— Managing for Results —

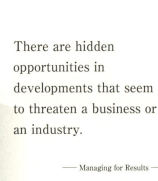

晴天に慣れると雷雨は脅威。だがそこには新しいニーズがある　© Pedro Turrini Neto / Shutterstock.com

変化はチャンスである。その変化が脅威に感じるときには、その理由をよく確認することだ。

多くの場合、「今までの市場、今までの顧客、今までの商品やサービス、今までの流通チャネル、今までの製造工程、今までの仕入れ方法では、利益を伴う売上をあげることができない」と感じているから、がその深層にある。

だが、実際には、脅威と感じる変化が起こったときには、同時に新しいニーズも発生しているはずだ。

そのニーズとは何か。そのニーズに応える方法はないか。そのために既存のノウハウを応用できないか。自社だけで無理ならば、他社との連携で対応できないか……。

こう問いかけることで、突破口が開けることも多い。変化に伴うニーズをいち早く察知すれば、それは大きなチャンスとなる。市場に〝雷雨〟が訪れたとき、ただ怯えるのではなく、顧客は何を感じ、何を求めているのかを考える。それが次の一手につながるのだ。

ドラッカーの言葉 ⑫

外的要因と企業の経営力

経済的な成果は、
景気の良し悪しによって
もたらされるのではない。
人によって実現される
のである。

『創造する経営者』(p.301)

Economic results are not produced by economic forces; they are a human achievement.

—— Managing for Results ——

外部要因を言い訳にせず、変化を糧に業績を伸ばすのが、経営者の役割だ　© C Jones / Shutterstock.com

上場企業の決算発表を見ていると、面白い光景を目にすることができる。業績が良いときは「新商品が成功した」「改革の努力が実を結んだ」などと自分たちの成果に胸を張る。

反対に、業績が悪いときは「国内経済が低迷した」「為替変動で海外取引に悪影響が出た」などと、経営環境のせいにしているのだ。この傾向には、ほぼ例外がない。

だが、外的要因と連動して業績が上下するだけならば、経営者はいらない。実際の業績は、良いときも悪いときも、その企業の経営力によってもたらされるのである。

どの業界でも使用するヒト・モノ・カネ・時間に大差はない。ただ、その用い方で業績に違いが出るのだ。つまり、問題のありかをどこに見出すか、の意識が重要だ。

業績をつくるのは経営陣である。経営陣の良し悪しで業績は決まることを、経営者はよく自覚しなければならない。

ドラッカーの言葉 ⑬

すべては「気づき」から

**人が利用の方法を
見つけ経済的な価値を
与えない限り、何ものも
資源とはなりえない。**

『イノベーションと企業家精神』(p.8)

There is no such thing as a "resource" until man finds a use for something in nature and thus endows it with economic value.

—— Innovation and Entrepreneurship ——

使い道を人間が発見して初めて、原油は資源となった　© claffra / Shutterstock.com

地表に染み出てくる原油が資源として使われるようになったのは、わずか150年前の話だ。それまで原油は、地力を損なう困った物にすぎなかった。だが、その活用法を開発したおかげで、今ではなくてはならない存在となった。これぞイノベーションである。

イノベーションというと、発明や技術開発をイメージしがちだが、それだけでは、あまりに捉え方が狭すぎる。

原油の事例のように、現存するものの新しい用途を開発したり、既存の何かと既存の何かを組み合わせて新しい何かをつくり、経済的な成果（利益）をあげたりする「すべてのモノやコト」は、イノベーションである。

後者の代表格であるアップル社のiPodやiPhoneなど、ハイテク企業のイノベーションは目立つので、脚光を浴びやすい。しかし、ミドルテク・ローテクの日常的なイノベーションが、社会の発展の大部分を支えていることを忘れてはならない。

ドラッカーの言葉 ⑭

顧客の合理性

**合理的に行動しない
顧客などいない。
昔からいわれているように、
(存在して)いるのは不精な
メーカーだけである。**

『イノベーションと企業家精神』(p.303)

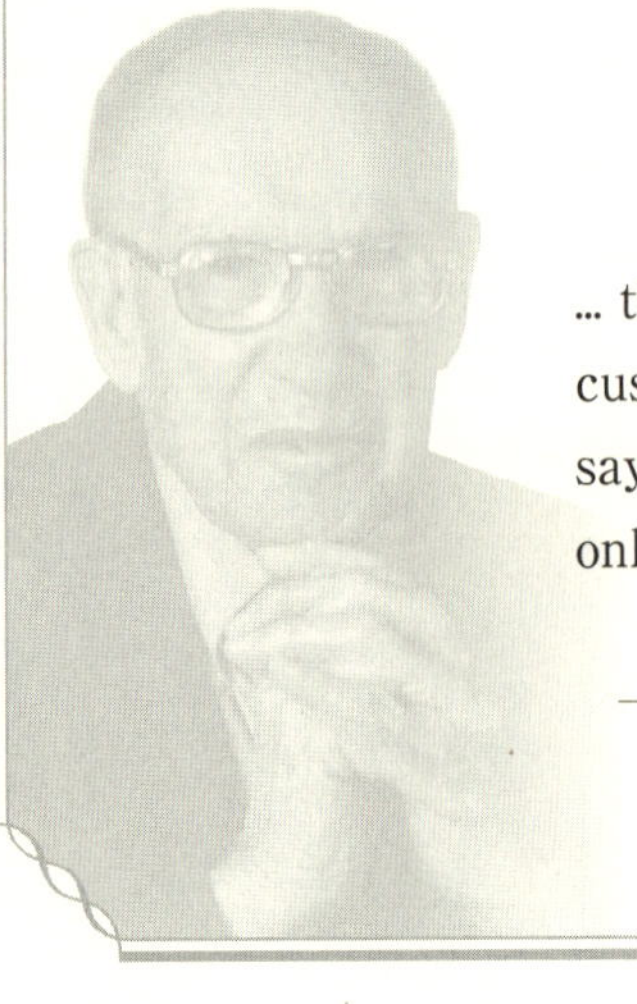

... there are no "irrational customers." As an old saying has it, "There are only lazy manufacturers."

―― Innovation and Entrepreneurship ――

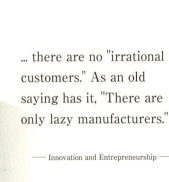

顧客は常に合理的に選択し、行動していると心得よう　© Rawpixel.com / Shutterstock.com

顧客は常に合理的に行動している。顧客の行動が不合理に思われるのは、その合理性があなたの会社の合理性と異なるから、というだけにすぎない。

あるいは、合理性の基準が一つではないと言い換えることもできる。さらには、合理性は時代の流れ、環境変化によって違ってくるという見方もできよう。

例えば、妻としての女性と、母親としての女性と、娘としての女性と、一人の30代の働く女性では、同じ人物でも判断基準となる「合理性」は異なるだろう。

企業は、自社の価値観に基づく合理性以外に、顧客の状況や立場に応じた複数の合理性があることを理解しなければならない。商品が売れなかったり、不評が多い理由を顧客のせいにして「この部分が優れているのに、わかっていない」などと嘆く人は、「顧客もまた私と同じように、自分が正しいと思って行動している」という事実を忘れている。

これは、顧客が法人である場合も同じだ。そのことを理解している企業は、好業績をあげることができる。

ドラッカーの言葉 ⑮

「変化の趨勢《すうせい》」を察知する

外の世界における
真に重要なことは
趨勢ではない。
趨勢の変化である。

『経営者の条件』(p.36)

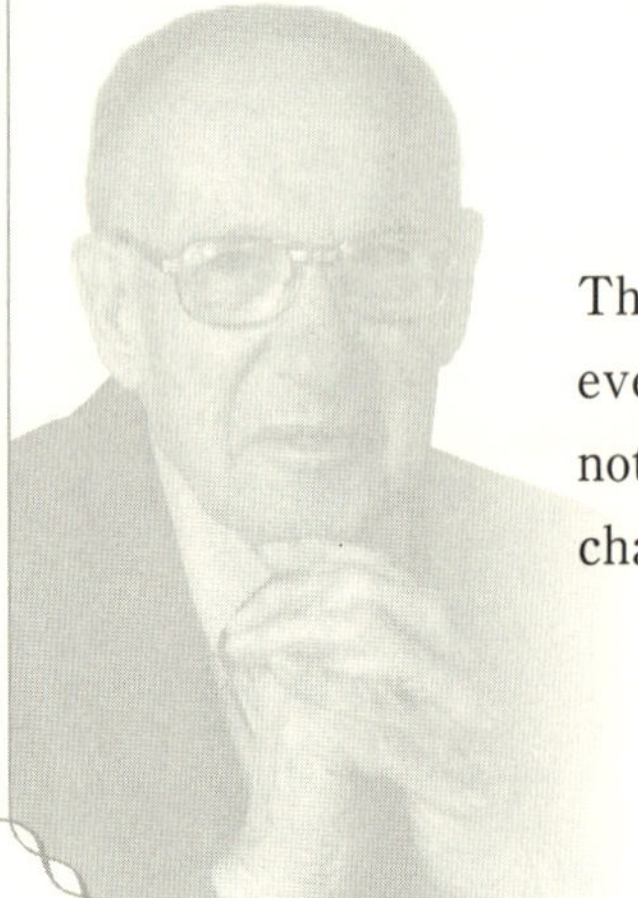

The truly important events on the outside are not the trends. They are changes in the trends.

— The Effective Executive —

日本橋兜町にある東京証券取引所。
トレンドの方向が変わるときを見逃さないようにしたい

© Takashi Images / Shutterstock.com

デフレが長く続いてきた日本で、デフレ率が3％から1％になっても、大きな変化にはならなかった。あくまでも継続の範囲内だからである。

だが、デフレからインフレに変化することは、趨勢(トレンド、傾向)の断絶を意味する。ドラッカーのいう「趨勢の変化」とは、こうした状況を指す。

デフレからインフレに変われば、消費マインドも変わり、行動も変わる。当然、そこにはチャンスが待っている。要は、変化のベクトルの強弱ではなく、その方向自体が変わるタイミングを逃してはならない、ということだ。

ただ、このような趨勢の変化が起こる兆しは、知覚できるものであっても、定量化したり、定義したり、分類できたりするものではない。

仮に何らかの分類によって数値化できたとしても、まだ行動に移せない。その段階では、変化がどのように推移するか、わからないからだ。だから、しばらくの間、観測し続けることだ。

ドラッカーの言葉 ⓰

変化とは秩序である

秩序とはダイナミックに動く変化そのものであると認識する。

『テクノロジストの条件』(p.13)

We see change as being order in itself.

―― Landmarks of Tomorrow ――

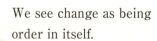

京都・龍安寺の庭園。静かな安定の中にも動きが感じられる　© Takashi Images / Shutterstock.com

諸行無常《しょぎょうむじょう》は、仏教用語である。これは、「この世の中のものはすべて、姿も本質も常に流動変化するものであり、一瞬たりとも同じ状態であり続けることができない」という意味だ。

経営環境もその例外ではない。だから、私たちは、変化自体を良いとも悪いとも決めつけてはいけない。

経営環境は予測不可能な変化であるように思えるが、それが普通（当たり前）の姿、と考えるべきだ。つまり、変化し続ける経営環境もまた、秩序（自然や社会を一貫して支配している原理、法則性）の一部であると考えなければならない。ありのままを受け入れるところからすべては始まるのだ。

もし、変化が「秩序」のうちならば、人が予測し、方向づけをしてマネジメントできるもの、と考えることができる。変化とは、常に受け身で、その流れに従うしかないものではない。自ら起こすこともできるものなのだ。

ドラッカーの言葉 ⑰

技術の本質

技術の目的は「限界の克服」ということになる。

『テクノロジストの条件』(p.22)

... the purpose (of technology) is to overcome man's own natural, i.e. animal, limitations.

— Work and Tools (Technology and Culture) —

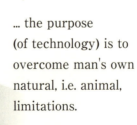

肉体の限界を技術によって克服し、人間は活動の幅を拡げた　© Philip Pilosian / Shutterstock.com

技術は、翼を持たない人間に空を飛ぶ力を与え、エラもヒレも持たない人間に長時間の水中での行動を可能にした。

また、裸では生きることができない酷寒の地で人間が生きることを可能にし、最速、時速40㎞で10秒程度しか走ることができない人間に、時速900㎞で数万㎞を移動することを可能にした。

人間は、自らの限界を技術で超えてきたのだ。

このように技術とは、人の不可能を可能にするための道具である。言い換えれば、技術とは「モノのつくり方」のことなのだ。人が生物的な限界を克服して仕事をしたり、生活したりするためのもの、となる。

すべての動物のなかで人間だけが意識して道具をつくってきた。人間だけが、技術を使って限界を克服してきた。技術とは、人間がより良く生きるための活動に関係するものなのである。

ドラッカーの言葉 ⑱

印刷革命が教えるもの

印刷革命は300年後の産業革命がたどったと同じ道、今日のIT革命がたどるに違いない道をたどった。

『テクノロジストの条件』(p.65)

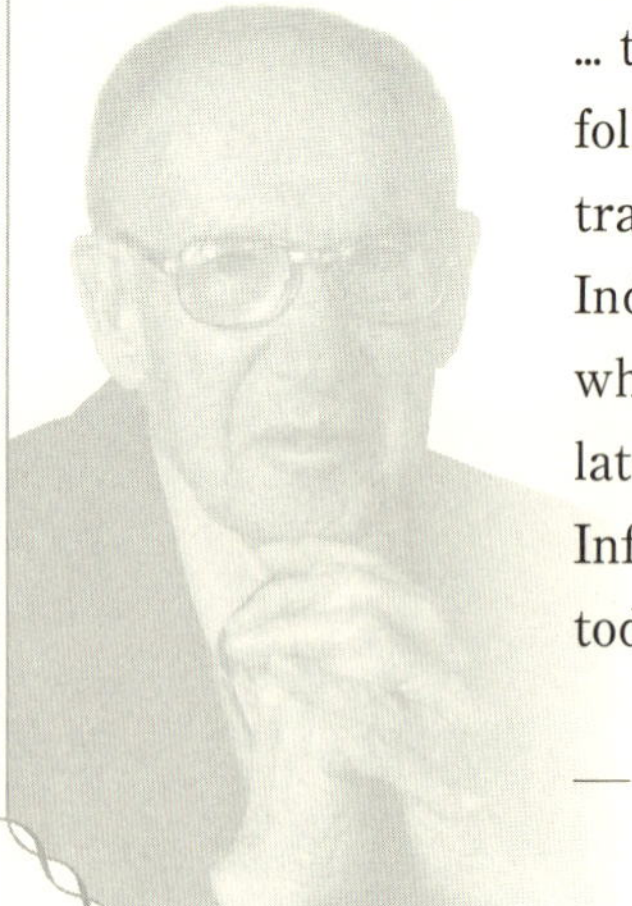

... the printing revolution followed the same trajectory as did the Industrial Revolution, which began 300 years later, and as does the Information Revolution today.

── Beyond the Information Revolution (The Atlantic Monthly) ──

新聞の輪転機。印刷革命により情報の流通量は激変した　© Andrey Burmakin / Shutterstock.com

「IT革命ほど私たちの生活に大きな変化をもたらしたものはない」という人がいる。はたして本当だろうか。

実は人類はすでに似たような経験をしていると、ドラッカーは見る。

言葉の発明はコミュニケーションを可能にし、人を社会的動物に成長させた。文字の発明は、記録という形で時代を超えたコミュニケーションを可能にした。１４５５年に発明された印刷機は、情報の伝達範囲とスピードを天文学的に変えた。その影響度はIT革命に劣るものではない。

歴史に精通したドラッカーは、「印刷革命を勉強すればIT革命がたどる道がわかる」と述べている。印刷革命は人間社会をどう変えたのか。どんなニーズが生まれ、消えていったのか……。

これからのビジネスの環境はどのように変化していくのか。それを予測するために、印刷革命の歴史を振り返るのも悪くない。

ドラッカーの言葉 ⓳

パラダイムが社会を変える

**社会科学では、
前提や仮説がそのまま
パラダイム、すなわち
支配的な理論となる。**

『チェンジ・リーダーの条件』(p.113)

BASIC ASSUMPTIONS ABOUT REALITY are the PARADIGMS of a social science, such as management.

—— Management Challenges for the 21st Century ——

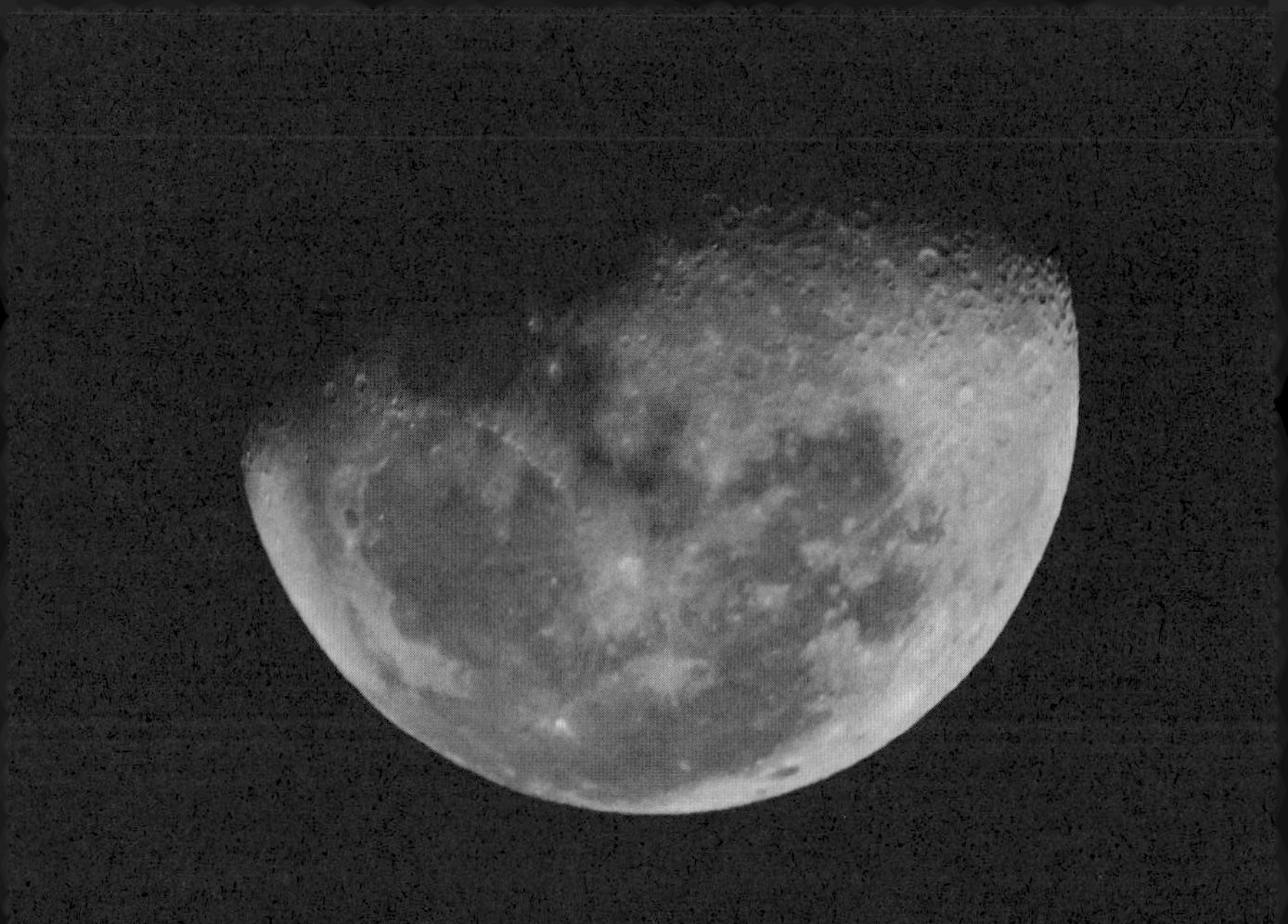

自然科学における「パラダイム」（ある時代に支配的な物の考え方・認識の枠組み、定義）は、単に人が自然現象を理解するためのものである。例えば「太陽は西から昇る」と定義しても、太陽の運行には何ら影響はない。人間がその定義を基にして、太陽の動きを説明したりするだけの話だ。

しかし、人や組織をテーマにした社会科学では「パラダイム」は現象に影響力を持つ。人がパラダイムに従って行動するようになるからだ。

例えば、あるパラダイムに基づいてルールを定めれば、多くの人は、それに従って行動するようになる。

さらに重要なことだが、自然科学の対象世界では、法則は変化しない。変化するときでも、それは数億年、数十億年の単位で起きる。

だが、社会科学の対象である社会は、常に変化している。一夜にして正しかったことが間違いに変わることもある。これまでの枠組み、これまでの認識の仕方に安住してはいけない。

自然科学の「正しさ」と異なり、社会科学の「正しさ」は人の行動を支配する

ドラッカーの言葉 ⑳

変化の兆しを捕まえる

変化はコントロールできない。できることは、その先頭に立つことだけである。

『明日を支配するもの』(p.82)

One cannot *manage* change. One can only be ahead of it.

── Management Challenges for the 21st Century ──

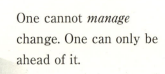

備えている人だけが変化の波に乗ることができる　© trubavin / Shutterstock.com

世の中の変化自体を一経営者が制御することはできない。とはいえ、新分野で成功し、〝変化を起こした〟ようにみえる企業も確かに存在する。だが、彼らが実践したのは、変化の兆しを察知し、いち早く適応して変化の波の先頭に立っただけのことだ。例えば、FacebookやTwitterは、ライフスタイルを大きく変えたが、それはIT革命によって既に起きていた小さな変化を、大きく増幅させたにすぎない。

もちろん「だけ」といっても、常に変化に備えているのは容易ではない。①今までのやり方を問い直し、捨てる勇気を持つ、②カイゼンを続ける、③失敗や問題ばかりにとらわれず、成功例にも注目して分析する、④イノベーションに意識的に取り組む、といった努力が必要だ。

ただし、④のイノベーションは、①②③を続けていれば、社会の気運が高まり、必然的に実現されてくるだろう。必要なのは、変化に敏感になること。嵐が来るのをいかに早い段階で察知できるか、だ。

© Tatyana Vyc / Shutterstock.com

2章

着実な前進を図るには【構想編】

市場や顧客を正しく認識できて初めて、事業を構想する段階となる。どのような切り口で考えるべきなのか。ドラッカーの教えを紹介しよう。

ドラッカーの言葉 ㉑

市場でのリーダーシップ

成果は、有能さではなく、
市場における
リーダーシップによって
もたらされる。

『創造する経営者』(p.7)

Economic results are
earned only by leadership,
not by mere conpetence.

—— Managing for Results ——

独自化・差別化に成功した企業は、市場のリーダーになれる　© Phonlamai Photo/Shutterstock.com

　ここでいうリーダーシップは、商品やサービスのリーダーシップであり、他の商品よりも優先的に選ばれていることを指す。つまり、「独自化」「差別化」と言い換えてもよい。

　機能、品質、価格、対応力などで、他社にないもの、あるいは、他社より優れた魅力があれば、その魅力を望む顧客層にとって、それは最も魅力ある商品となる。だが、すべてにおいてナンバーワンである必要はない。

　ある商品がリーダーシップを持つということは、「ある市場」や「ある顧客層」のニーズに最もフィットしているということでもある。価格が高くても気にせず買う人もいれば、機能が少ないから買う人もいる。顧客が商品やサービスを選択する条件そのものに、優劣はない。

　企業活動による利益は、このリーダーシップ（独自化・差別化）によってもたらされる。つまり、他社よりも上手に顧客に貢献したことへの報酬として、企業は利益を得られるのである。

ドラッカーの言葉 22

事業の定義

事業の定義が
市場に供給すべき満足や
リーダーシップを保持
すべき領域を規定する。

『創造する経営者』(p.259)

The idea of the business ... defines the area in which a company has to obtain and to hold a leadership position.

── Managing for Results ──

1989年3月頃のドラッカー。
事業の定義の重要性を指摘した

© Alan Levenson / The LIFE Images Collection / Getty Images

事業の定義とは、「わが社の事業は何か」を述べたものだが、噛み砕くと、「誰に・どのような独自化あるいは差別化された魅力を提供するか」を決めることである。

事業の定義によって、対象市場が決まり、提供すべき商品やサービスが決まり、流通チャネルや営業方法、販売促進策なども決まる。

その定義の内容だが、ドラッカーは「顧客の事務管理部門に対し、近代的オフィスに必要な機器や消耗品を供給する」という事例を挙げている。

この事例では、具体的な「供給する」方法については何も触れていないので、こうした定義を社内で共有するかぎり、その企業は環境変化には定義を変えずに対応できる。反対に、対象を特定できる程度に絞り込んでいるため、意思決定の基準にも使うことができる。

ほどよく抽象的で、ほどよく具体的な定義が、〝使える〟事業の定義といえる。

ドラッカーの言葉 ㉓

事業の前提における誤り

（IBMとGEは）
現実が変化したにも
かかわらず、事業の定義を
変えられなかった。

『チェンジ・リーダーの条件』（p.51）

... reality has changed, but
the theory of the business
has not changed with it.

── Managing in a Time of Great Change ──

アメリカ・デトロイトにあるゼネラルモーターズ（GM）の本社ビル。地位に慣れれば、つまづきが待っている

© Linda Parton/Shutterstock.com

業績が好調な大企業の業績が低迷しだすと、その原因として「大企業病が原因だ」と言われることが多い。

確かに内向き志向になって変化を嫌がるようになる企業も多い。だが、なかには勤勉に対応し、懸命に業績低迷から脱却すべく努力する企業もある。

それにもかかわらず、業績が回復しないのは、大企業病が原因ではなく、それまで事業の前提にしていたものが変わってしまったからだ。

ニーズや市場構造が変わってしまった、といったほうがわかりやすい。例として、ドラッカーは過去のＩＢＭとＧＭをあげる。両社は、ずば抜けた成功体験を持っていたため、事業の定義を変更することなど考えもしなかった。しかし事業の定義が市場や顧客のニーズから大きく外れてしまった。

どんなにがんばっても業績が伸びないときは、事業の定義を見直さなければならない。前提としていた市場や顧客への認識を変えなければならない。

ドラッカーの言葉 ㉔

「売れる仕組み」の条件

製品、市場、流通チャネルのそれぞれが、事業活動の領域としてそれぞれ業績をもたらす。

『創造する経営者』(p.25)

Each of these three areas (=product, market and channel) is only one dimension of result-producing activity, one result area.

── Managing for Results ──

商品には、それぞれに相応しい市場や売り方、売り場がある　© robert napiorkowski/Shutterstock.com

「商品の対価として顧客から代金をもらう」という事実は、誰でも認識していることだ。しかし、「商品には市場が必要である」という事実は、しばしば忘れられてしまう。

そして、「商品を市場に届けるには流通チャネルが必要である」という事実もまた、忘れられていることが多い。さらには、市場と流通チャネルが混同されていることもある。

例えば、食材であるニンニクを健康食品（健食）として販売するなら、その商品を打ち出す先は、食材市場から健食市場に変更しなければならない。

また、健食市場に届けるための流通チャネルは、食品店よりも健食としてより強くアピールできる通信販売のほうが望ましいだろう。

つまり、市場・商品・流通チャネルの3つが相互に合致してはじめて、売れる仕組みが完成するのである。

ドラッカーの言葉 ㉕

対象顧客を絞り込む

**われわれの事業は何かを
知るための第一歩は、
「顧客は誰か」という
問いを発することである。**

『現代の経営 上』(p.67)

The first step toward finding out what our business is, is to raise the question: "Who is the customer?"

── The Practice of Management ──

ねらいが「できるだけ多くの顧客に売りたい」だけでは、誰の心にも響かない　© fizkes/Shutterstock.com

事業は市場・商品・流通チャネルの3つからなる。これを踏まえると、「顧客は誰か」を問うとは、「対象市場をどこにするか」を問うことにほかならないことがわかる。

市場とは、同じニーズの集まりであり、ニーズとは顧客の欲求だ。だから、「どのような顧客たちの」「どのようなニーズに」応えるかを特定することで、やるべき事業は、ある程度絞り込むことができる。

ところが、それができていない経営者が多い。少しでも多く売りたいために、対象顧客を絞り込まないで事業を進めようとするのだ。そのせいで、商品のつくり込みや、販促がぼやけてしまっている。

対象顧客を絞り込めば絞り込むほど、事業の特徴が鮮明になり、売りやすくなる。勇気をもって対象を絞り込むことが、業績アップにつながっていくのだ。

ドラッカーの言葉 ㉖

未来の暴風雨に備える

「われわれの事業は何になるか」についても問いを発しなければならない。

『現代の経営 上』(p.74)

... management must also ask: "What will our business be?"

── The Practice of Management ──

順調なときこそ、未来の進路について考えておきたい　© De Visu/Shutterstock.com

企業は、波間に漂う船のようなものだ。普通の努力で、進行方向に向かって進むときもあれば、努力しても押し流されるときもある。

また、今は順風満帆でなんら問題はなくても、進路の先に台風が接近していて、急に航路を変更しなければならない、ということもある。

だから経営者は、「自社は今の経営をこのまま続ければ、どのような業績になるか」を、常に問うことを続けていかなければならないのだ。

そのヒントとして、市場の潜在的な可能性と趨勢《すうせい》（トレンド）、経済の状況、流行や好みの変化、競合などの変化、イノベーションの可能性、今日の商品やサービスで満たされていない顧客の欲求などがある。これらの現実と変化を読み取って、今後の事業を考える必要がある、とドラッカーはいう。

ドラッカーの言葉 ㉗

ゆでガエルからの脱出

「われわれは
正しい事業にいるか」
「われわれの事業を
変えるべきか」を
問う必要がある。

『現代の経営 上』(p.76)

Management still has to ask: "Are we in the right business or should we change our business?"

—— The Practice of Management ——

変化に鈍感な経営者は、やがて逃げ場を失ってしまうことも　© Andrei Troitskiy/Shutterstock.com

「自社の事業は何か」「自社の事業はどうなるか」を分析・検討すれば、次の段階の質問にも答えを導き出せるようになる。それは「生産性や将来性の観点から、現在の事業は正しい事業だと言えるか」「現在の事業を変えるべきか」という現状に対する問いだ。

そして、これらの問いから導き出される次の問いが、「自社の今後の事業は、何でなければならないか」という未来についての質問である。企業は常にこうした問いを発しつつ、変化していかなければならない。

「ゆでガエル」という表現があるが、鈍感な企業は、段々、悪化する状況にあっても、感覚がマヒして変化に気づかず、その状況を受け入れるようになる。その結果、待っているのは倒産しかない。

ゆでガエル状態にならないためにも、好業績企業や好業績業種との比較などから、事業を適時および定期的に見直すことだ。

ドラッカーの言葉 28

ITが変えたもの

新しい流通チャネルは顧客が誰かを変える。顧客がいかにして買うかだけでなく、顧客が何を買うかを変える。

『テクノロジストの条件』(p.63)

New distribution channels change who the customers are. They change not only *how* customers buy but also *what* they buy.

——Beyond the Information Revolution(The Atlantic)——

IT化は、顧客の買い方を変え、従来のビジネス・モデルを大きく変えた　© maoyunping/Shutterstock.com

ＩＴの進化で、インターネットを使った販売の距離的・時間的・金銭的なコストが、ほとんど気にならないくらいに低減された。

その結果、例えば、個人事業主のレベルであっても、全国あるいは世界に向けて商品やサービスを販売・提供することが可能になっている。欲しい商品はすぐ注文できるし、電子書籍のようにデジタル化で購入が容易になったものもある。

また、かつての転職は、ハローワークや新聞の求人広告が主流であったが、今では、ネットでの求人や応募が中心になりつつある。

ＩＴによって新たな流通チャネルが誕生し、人々の「どのように買うか」は大きく変わってきたのだ。

こうした消費活動や企業活動の変化が、産業構造を変え、経済全体を変えていく。今後、ＩＴ化がさらに進化すれば、ビジネス・モデルは、より根幹から変わっていくだろう。

ドラッカーの言葉 ㉙

ネットの中にいる顧客

「顧客はどこにいるか」と問うことも重要である。

『チェンジ・リーダーの条件』(p.35)

It is also important to ask "Where is the customer?"

—— Management: Tasks, Responsibilities, Practices ——

検索キーワードに表現されている顧客ニーズを捕まえよう　© Vasin Lee/Shutterstock.com

前節の話を受けて、考えてみよう。

では現在、自社の顧客はどこにいるのか、と。

「インターネットが普及しているのだから、顧客はインターネットの先にいる」では、ドラッカーの問いの答えにはならない。

例えば、ホームページを開設しても、検索キーワードの上位に自社や商品がこなければ、ネットの先にいるはずの顧客には届かない。

また、リスティング広告(検索エンジンで、ユーザーが検索したキーワードに関連した広告を検索結果ページで表示する広告)でも、自社の広告表示と連動させたいキーワードの設定が適切でなければ、売上には結びつかない。

インターネットの世界では「顧客がどこにいるか」を知るうえで、地理的居住地以上に、自社の商品が満たせる顧客ニーズに関連した検索キーワードは何かを知ることが重要になっている。新しい掘り下げが必要なのだ。

顧客は常に物足りない

**消費者の欲求のうち、
今日の製品やサービスで
「満たされていない
欲求は何か」を
問わなければならない。**

『チェンジ・リーダーの条件』(p.37)

... management has to ask which of the customer's wants are not adequately satisfied by the products or services offered him today.

── Management: Tasks, Responsibilities, Practices ──

「うまく言えないが、不満を感じる」という顧客の思いをキャッチしよう　© Pavel_Bogdanov / Shutterstock.com

顧客の満足は移ろいやすい。

新しい商品やサービスが出たときには、目新しさもあって、存在自体に満足していても、やがてすぐに慣れ、提供される機能や価値を当たり前と思うようになり、物足りなさを感じるようになる。

そのとき必要になるのが「満たされていないニーズは何か」の問いである。

この問いを発し、その答えに正しく到達する能力を持つことが、流行に乗って一時期に売上を伸ばすだけの企業と、継続的に成長し続ける企業とを分ける。

購入の決定権は、100％顧客が持っているのだから、売れなくなったからといって顧客を責めても意味がない。顧客の満足の基準は移ろいやすいものであることを前提にして、それに応え続けてこそ事業は継続できるものとなる。

成功に胡座《あぐら》をかいている暇はない。

ドラッカーの言葉 ㉛

購買目的を洞察する

「誰が買うか」だけでなく、

「どこで買うか」

「何のために買うか」

という視点がある。

『創造する経営者』(p.128)

It (=the view from outside) asks not only "Who buys?" but "Where it is bought?" and "What it is being bought for?"

── Managing for Results ──

顧客は、企業が売りたいものを買っているとはかぎらない　© Harirava / Shutterstock.com

自社の事業を外部から見るうえで役立つ3つの視点がある。それは「誰が買うか」に加え、「どこで買うか」「何のために買うか」である。

多くの企業は「誰が買うか」「どこで買うか」を考えることはあっても、「何のために買うか」を問うことをほとんどしない。「自社の商品は自分たちが想定する用途のために買う」と、勝手に思い込んでいるからである。

そんな誤解は街中にあふれている。例えば、料理が自慢の居酒屋で、客同士が話し込んでいるときに、割り込んでまで、持って来た料理の説明をする店員がいる。マニュアル通りかもしれないが、「料理について、お客様も知りたいはずだ」と決めつけているのだ。

だが、客はその対応を不快に感じるだろう。なぜならば、客は、コミュニケーションの場を求めて来店しており、「話の腰を折られた」と感じるからだ。売る側の「売り」を、すべての顧客が求めているとはかぎらない。

ドラッカーの言葉 ㉜

未来を今、創造する

未来に何かを起こすには
勇気を必要とする。
努力を必要とする。
信念を必要とする。

『創造する経営者』(p.254)

To make the future demands courage. It demands work. But it also demands faith.

── Managing for Results ──

その場しのぎの仕事をしていたのでは、未来にも通じる強い事業をつくることはできない。

ドラッカーがいう「未来に何かを起こす」とは、将来に向けたビジョンのための行動を、今、起こすことだ。

そのためには、①そのビジョンの価値を心から信じているか、②本当にそのビジョンを実現したいか、③本当にその仕事をしたいか、④本当にその事業を経営したいか、を問わなければならない、とドラッカーはいう。

大げさにいえば、「その事業を成功に導くために人生を賭けられるか」ということだ。生半可な思いでは、困難にぶち当たったときに心が折れてしまう。

望むだけでは、本当に欲しいものを手に入れることはできない。だから、人生を賭けて貢献する強い姿勢が求められるのだ。

困難を乗り越える原動力は、「実現したい」という情熱だ

ドラッカーの言葉 ㉝

専門化と多角化

専門化と多角化の
バランスが、
事業の範囲を規定する。

『創造する経営者』(p.278)

The balance between
these two (=specialization
and diversification)
determines the scope of
a business.

—— Managing for Results ——

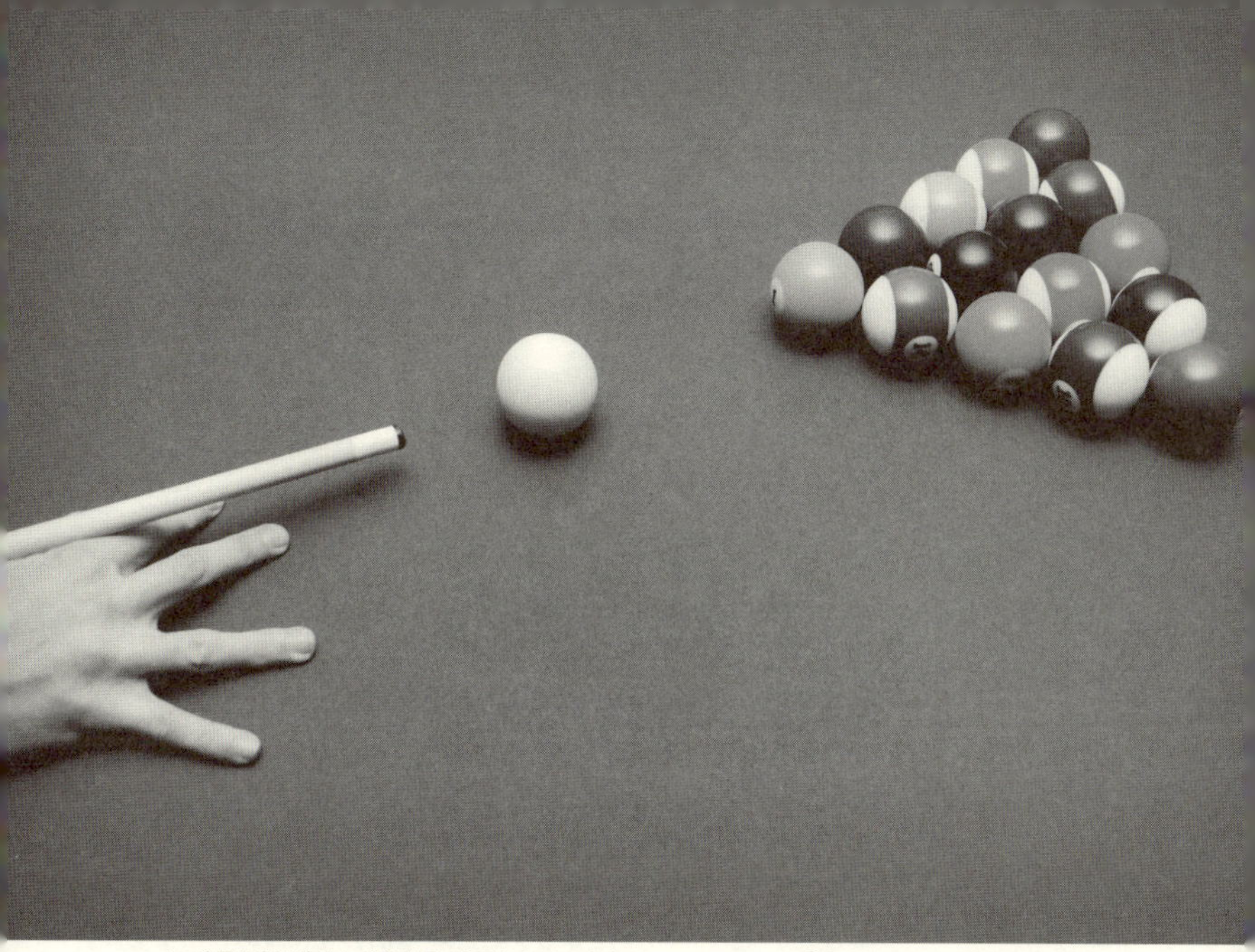

1つ武器を磨けば、それが多方面に広がるチャンスとなる　© Stacey Newman / Shutterstock.com

他の多くの経営理論でいう「専門化と多角化」とドラッカーの「専門化と多角化」の理論は根本的に異なる。

他の経営理論では「専門化 or 多角化」と二択を迫るものだが、ドラッカーは「専門化&多角化」を「同時に推進すべきものだ」と捉えている。

すべての企業は差別化をするためには、中核となるもの（専門領域）を持たなければならない。しかし、その領域のすべての面で秀でることはできないからこそ、専門化が必要になる。

一方で、専門化のためのノウハウの習得には努力を要するし、努力とはコストである。このコストから最大限の効果を引き出すためには、習得したノウハウを可能なかぎり使い回ししなければならない。だから、多角化が必要になる。

実際の経営を考えれば、ドラッカーの理論のほうが現実的といえるだろう。

ドラッカーの言葉 34

ニッチ戦略を取る

ニッチ戦略は
限定された領域で
実質的な独占を目指す。

『イノベーションと企業家精神』(p.280)

The ecological niche strategy aims at obtaining a practical monopoly in a small area.

— Innovation and Entrepreneurship —

自分に相応しいサイズの住みか(市場)を見つけて独占すれば、脅威は少ない　© Ljupco Smokovski / Shutterstock.com

ドラッカーの事業戦略には、①総力戦略、②創造的模倣戦略、③柔道戦略、④ニッチ戦略、⑤商品の意味を変える戦略、がある。

それらのなかで、①②③は競争を前提にしており、成功すれば大企業になり、知名度を得て、市場で目立つ存在になることができる。

一方、ニッチ戦略は、限定された領域（ニッチ市場）で、実質的な独占を目指すだけなので、成功しても知名度が上がるわけでもなく、実を取るだけだ。

ニッチ戦略が対象とするのは限定的な市場なので大企業には魅力がない。大魚には窮屈で苦しい金魚鉢でも、小さな魚には安全で快適な場所。要するに、自社に合ったサイズの市場を見出すことが重要だ。

ちなみに⑤は、現在の商品の用途開発などを想定すればよい。例えば、食材のコンニャクをダイエット食として販売するといったことがその典型だ。

ドラッカーの言葉 35

健全経営に要する実践感覚

（マネジメントは）現在のための意思決定と将来のための意思決定を区分することもできない。

『現代の経営 上』（p.21）

Nor can it (=management) separate decisions on present from decisions on future.

—— The Practice of Management ——

経営者には、常にバランス感覚が求められる　© www.BillionPhotos.com / Shutterstock.com

サラリーマン社長がやりがちなように、投資も人材育成もせず、今期の業績（売上と利益）を求め続けるだけでは、将来には、燃え尽き症候群のような会社が残るだけだ。

反対に、実戦経験がない後継社長が陥るように、将来構想ばかりに目を向け、ビジョンばかり熱く語って、現在の状況を無視したような経営をしていては、その〝将来〟が来る前に、倒産してしまう。

企業経営は、あくまでも実践的なものであり、「現在の利益」と「将来の利益」、「顧客の利益」と「自社の利益」のバランスをとって、はじめて健全経営になる。そこにはデータ分析だけでは割り切れない、自社や顧客の価値観について考える姿勢が必要となる。

だからこそ、機械的な判断ではなく、人間的な能力を要する判断が必要になるのである。それが、経営者の資質である。

ドラッカーの言葉 36

使命が意味を持つとき

患者の利益になること
ならば行うべきである。
その収支を合わせることが
自分たちの仕事である。

『チェンジ・リーダーの条件』(p.67)

... if it's in the patient's
interest, we have to
promote it; it's then our
job to make it pay.

—— Managing for the Future :
The 1990's and Beyond ——

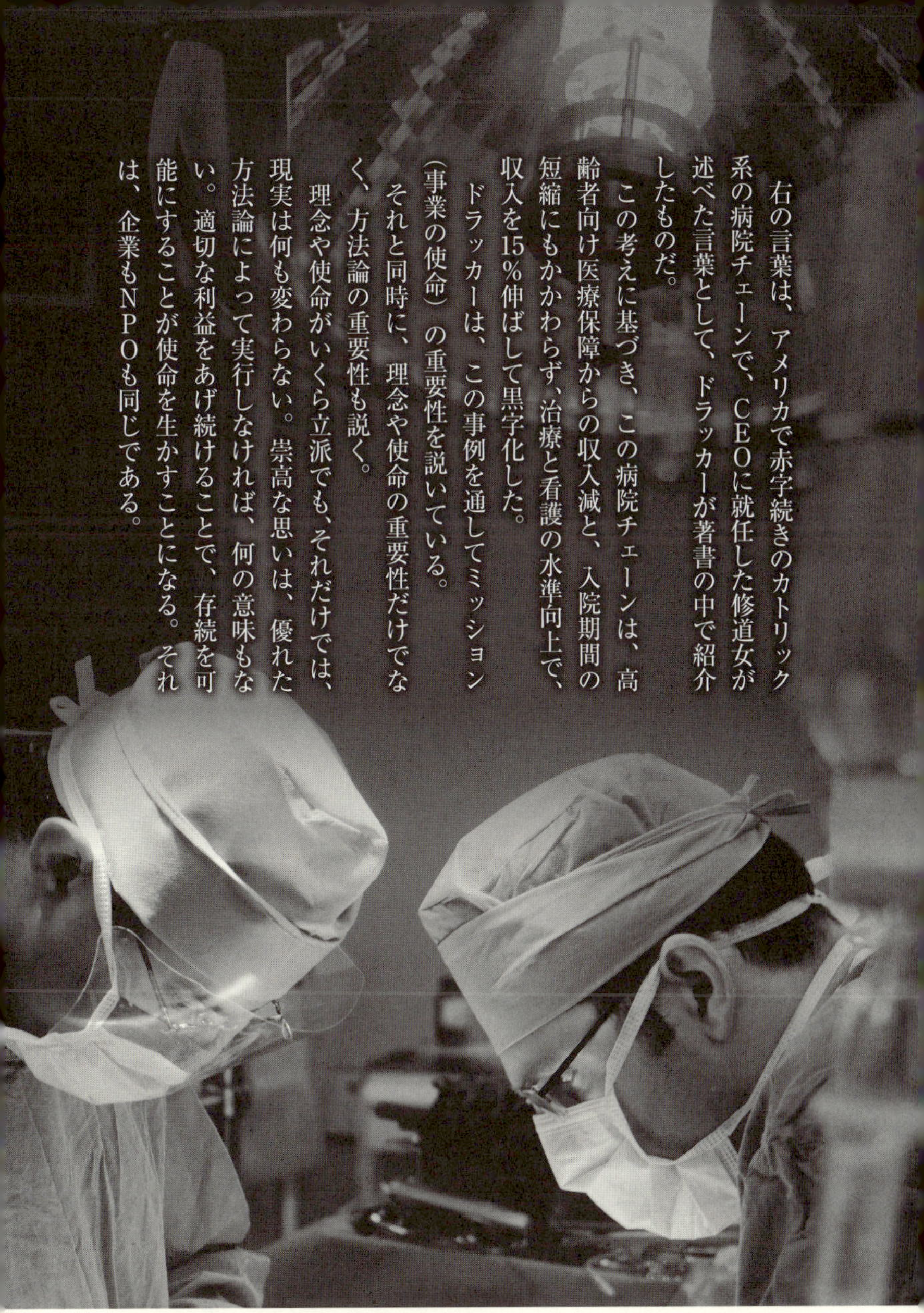

右の言葉は、アメリカで赤字続きのカトリック系の病院チェーンで、ＣＥＯに就任した修道女が述べた言葉として、ドラッカーが著書の中で紹介したものだ。

この考えに基づき、この病院チェーンは、高齢者向け医療保障からの収入減と、入院期間の短縮にもかかわらず、治療と看護の水準向上で、収入を15％伸ばして黒字化した。

ドラッカーは、この事例を通してミッション（事業の使命）の重要性を説いている。

それと同時に、理念や使命の重要性だけでなく、方法論の重要性も説く。

理念や使命がいくら立派でも、それだけでは、現実は何も変わらない。崇高な思いは、優れた方法論によって実行しなければ、何の意味もない。適切な利益をあげ続けることで、存続を可能にすることが使命を生かすことになる。それは、企業もＮＰＯも同じである。

“聖職”ですら、利益がなければ使命を全うすることはできない　© beerkoff / Shutterstock.com

ドラッカーの言葉 37

創造的模倣での成功

起業家的ビジョンが、
他の国や他の産業で
うまくいっているものを
真似するだけのこともある。

『チェンジ・リーダーの条件』(p.207)

The basic entrepreneurial idea may be merely imitation of something that works well in another country or in another industry.

— Managing for Results —

スイス（ルガーノ）のショッピングモール内のバタ店舗。
模倣も展開によってはイノベーションになる

© Stefano Ember / Shutterstock.com

企業にとって、創造的模倣は、最も効果的かつ効率的な戦略である。

創造的模倣とは、単に他社の成功例をマネすることではない。創造的に（ひと工夫して）マネするのである。

ドラッカーはその事例に、スロバキア出身のトーマス・バタの成功をあげる。

バタは、第一次世界大戦後に、アメリカの農民が靴を履いているのに、スロバキアやバルカン諸国の農民が靴を履いていないのは、単に安くて丈夫な靴がないからだと考え、アメリカの靴メーカーを模倣して、欧州一の靴メーカー（ＢＡＴＡ）を創りあげた。

バタが事業を軌道に乗せるには、信念とビジョンと勇気と努力は必要だったが、ゼロから何かを生み出すような創造性は必要なかった。

しかし、これもまた、新しい価値を世に出したイノベーションである。

ドラッカーの言葉 ㊳

戦う舞台を限定する

狭い範囲の使命、ビジョン、価値観をもつとき、初めて大きな成果をあげる。

『プロフェッショナルの条件』(p.47)

... the future that gives them (=organizations) the capacity to perform is precisely that each is autonomous and specialized, informed only by its own narrow mission and vision, its own narrow values ...

── Managing in a Time of Great Change ──

プリウスの充電。自動車に特化しているから、
トヨタは自動車業界で影響力を誇ることができる

© Steve Lagreca / Shutterstock.com

優れた仕事を行うためには、社会に貢献するという信念がなければならない。

だが、すべてのことに貢献しようと思っても、すべてに貢献するためのヒト・モノ・カネ・時間を持つことはできない。そうした姿勢では、大した貢献はできずに終わる。

特に、さまざまな分野で高度化が進んでいる先進国では、企業もＮＰＯも、ある特定の分野での貢献しかできないのが現実だ。

例えば、自動車産業で世界のトップに立つトヨタ自動車でも、直接、世界的に影響を与えられるのは、自動車産業のみである。

しかし、トヨタは、その特定分野である自動車産業では、ハイブリッド車、燃料電池などの技術で世界をリードしており、大きな影響を与えている。当然、その貢献度は計り知れず、市場での注目度も非常に高い。

ドラッカーの言葉 39

優先順位と劣後順位

優先順位と劣後順位に関して重要なことは、分析ではなく勇気である。

『プロフェッショナルの条件』(p.143)

The most important thing about priorities and posteriorities is ... not intelligent analysis but courage.

—— The Effective Executive ——

欲望のままに行動せず、自分に「待った」をかける強さを磨こう　© Javier Brosch/Shutterstock.com

人も企業もやるべきことが多い割に、使えるヒト・モノ・カネ・時間は圧倒的に足りない。そんな中で、すべてをやろうとすると、すべてが中途半端に終わってしまう。だから、優先順位づけが必要になる。

アイデアを成果につなげたい場合も、優先順位づけは必要だ。未来につながる行動、チャンスを事業化する行動、自らの方向性や価値観に合った行動、変革につながる行動を、優先的に行う必要がある。なお、優先順位を考えるときは、絶対に手を出さないものを決めるという、劣後順位の決定も必要になる。

優先順位を決めるときに必要になるのは、分析ではなく勇気である。「これは儲かりそう」「あれも儲かりそう」という誘惑を断ち切り、最有力な事業だけに専念する勇気。こうした選択と集中なくして、限られたヒト・モノ・カネ・時間で業績をあげることはできない。

ドラッカーの言葉 40

事業に「当たり前」などない

危険や弱みが事業機会の存在を教える。それらを問題から機会に転化するとき、異常なほどの成果が得られる。

『創造する経営者』(p.198)

Dangers and weakness indicate where to look for business potential. To convert them from problems into opportunities brings extraordinary returns.

—— Managing for Results ——

「仕方ない」と諦めずに工夫すれば、イノベーションにつながる　© duangnapa_b/ Shutterstock.com

廃棄物が大量に出るなど、事業活動における非効率な部分を、「業界では当たり前。他社でも同じ状況だから、しかたない」ですませていないだろうか。

しかし、現状を肯定してもロスがなくなるわけでも、利益が増えるわけでもない。事業に「当たり前」など存在しないのだ。

産業廃棄物が大量に発生するのであれば、その活用法を考えてみる。例えば、カニの甲羅は処分に高くつく産業廃棄物だったが、そこにキトサンという健康補助食品の成分が含まれていることが発見され、高額のカネを支払って処分していた産業廃棄物を、貴重な原材料として販売することができるようになった。

どのような業種や企業にもマイナス面はある。しかし、それを「当たり前」にしてはいけない。「なぜ、そうなるのか」「利用できないか」と問うことで、新たなチャンスに転換することができるのだ。

3章

未来を築く組織をつくる【構築編】

事業の構想が固まってきたら、
いよいよそのための組織を構築する段階となる。
そこで注意すべきことは何か。ドラッカーの警句を集めた。

ドラッカーの言葉 41

成功を引き寄せるもの

未来において何かを
起こすには、特に創造性は
必要ない。必要なものは、
天才の業ではなく
仕事である。

『チェンジ・リーダーの条件』(p.207)

To make the future
happen one need not ...
have a creative
imagination. It is work
rather than genius ...

── Managing for Results ──

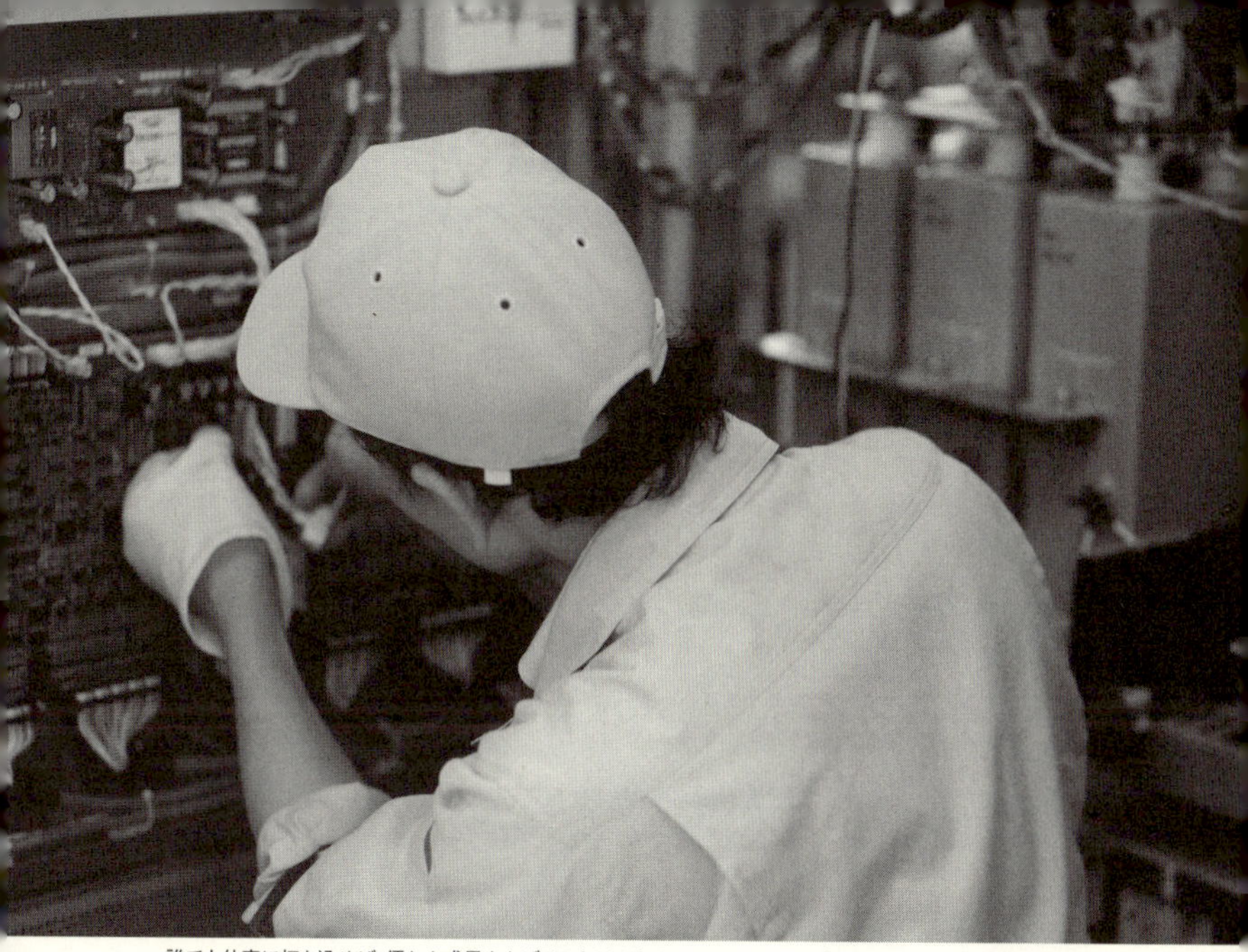

誰でも仕事に打ち込めば、優れた成果をあげることはできる　© tororo reaction / Shutterstock.com

　事業規模の大小を問わず、日本のあちこちで、優れた企業・優れた事業が立ち上がっている。もし、優れた事業が天才でなければ立ち上げられないのであれば、日本の国を支えるような経済規模の維持・発展は絶望的と言わざるをえない。

　しかし、実際には、天才の数以上に優れた事業が成功を収めている。これは、〝普通の人〟でも、実現したい事業を「仕事」として取り組めば、優れた事業を生み出し、軌道に乗せることは可能だという証である。

　ただし、将来を切り開くには、進んで新しいことをやる気概《きがい》を持つ必要がある。すなわち、変化の先頭に立ち、自分で変化を起こそうとする勇気が欠かせない。

　未来であなたが主導権を握れるかどうかは、アイデアを仕事に転換できるかどうかと、勇気を持てるかどうかにかかっている。

ドラッカーの言葉 42

組織が存在する理由

組織は社会の機関である。外の環境に対する貢献が目的である。

『プロフェッショナルの条件』(p.74)

An orginization is an organ of society and fulfils itself by the contribution it makes to the outside environment.

—— The Effective Executive ——

事業とは、顧客への貢献の気持ちで取り組むべきもの　© Romolo Tavani / Shutterstock.com

地域コミュニティや家族は、存在すること、存在し続けることそのものが目的である。したがって、その構成員を守り、幸せにすることは、何にも増して重要な目標となる。

一方、組織は、社会的な役割を果たすことを目的に設立される。だから、組織の目的は、組織の外部への貢献であり、そのための行動こそが、価値あるものとみなされる。

もちろん、構成員（社員）の幸福は重要だが、その幸福は、顧客への貢献で得られる精神的な満足、貢献への見返りとして得られる利益の分配による経済的な満足など、顧客への貢献の結果として得られるものでなければならない。

だが、成功し安定すると、顧客第一ということを忘れて自己満足を優先するような企業も出てくる。柔軟性が失われたり、利益優先になる企業も少なくない。そういう企業は、やがて顧客から見放されることになる。

ドラッカーの言葉 43

組織の特徴

「凡人をして非凡なことをなさしめる」ことが組織の目的である。

『現代の経営 上』(p.199)

It is the purpose of an organization to "make common men do uncommon things" ...

── The Practice of Management ──

凡人を非凡な人に育てることはできない。しかし、凡人に非凡な仕事をさせることは可能である。

これがドラッカーの持論であり、これこそ組織の特徴の1つだと、ドラッカーはいう。

組織の特徴は、強みと弱みを併せ持つ構成員一人ひとりに、強みを発揮させ、弱みを他の人がカバーすることで意味のないものにできることにある。

弱みは他の人、他の部署の強みや役割でカバーすることで、それぞれが、強みを発揮できる仕組みをつくる。そうすると、人の力を合わせた結果を1＋1が3どころか、4にも5にもすることができる。

つまり、人は協働によって、飛躍的に生産性を向上させることが可能になるのだ。

その協働の仕組みが組織である。

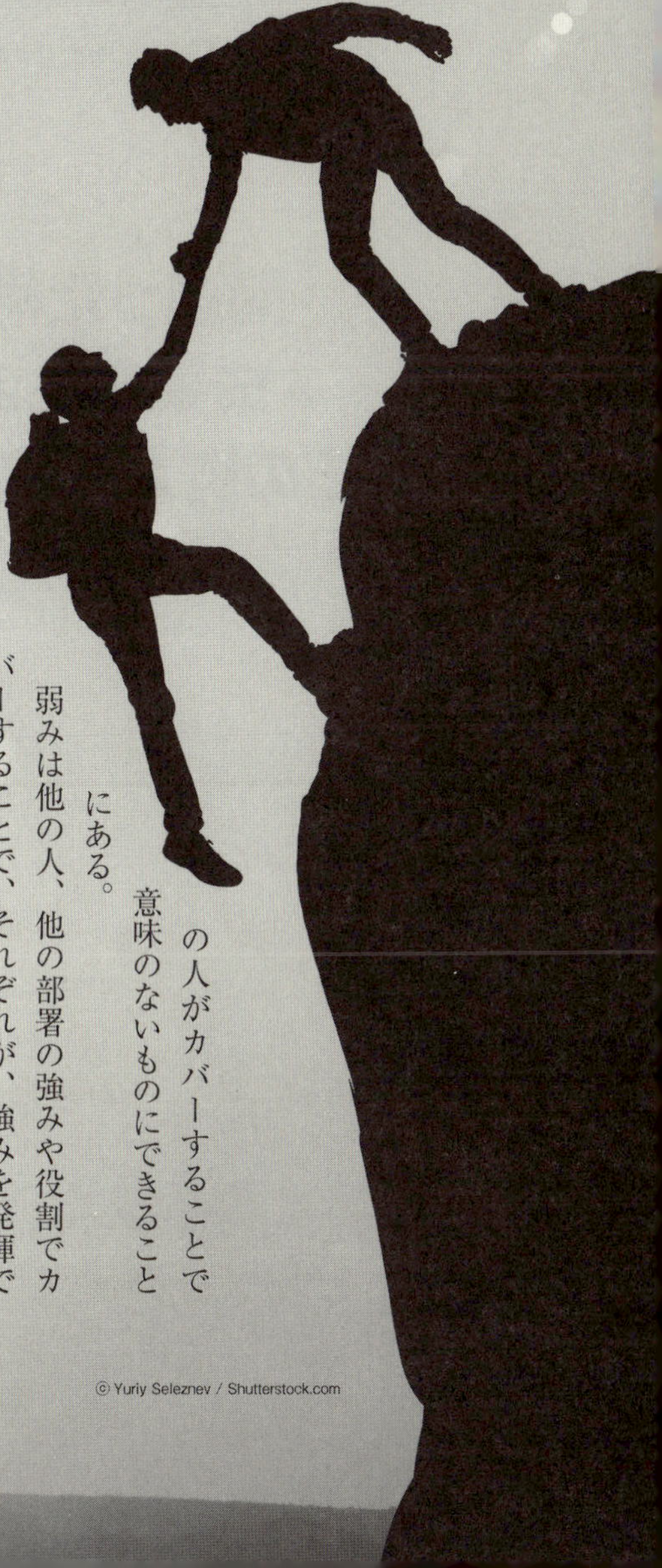

人間は力を合わせることで、思いがけない高みに至ることもできる

© Yuriy Seleznev / Shutterstock.com

ドラッカーの言葉 44

戦略と組織構造

間違った構造は成果を生まず、最高の努力を無駄にする。

『創造する経営者』(p.289)

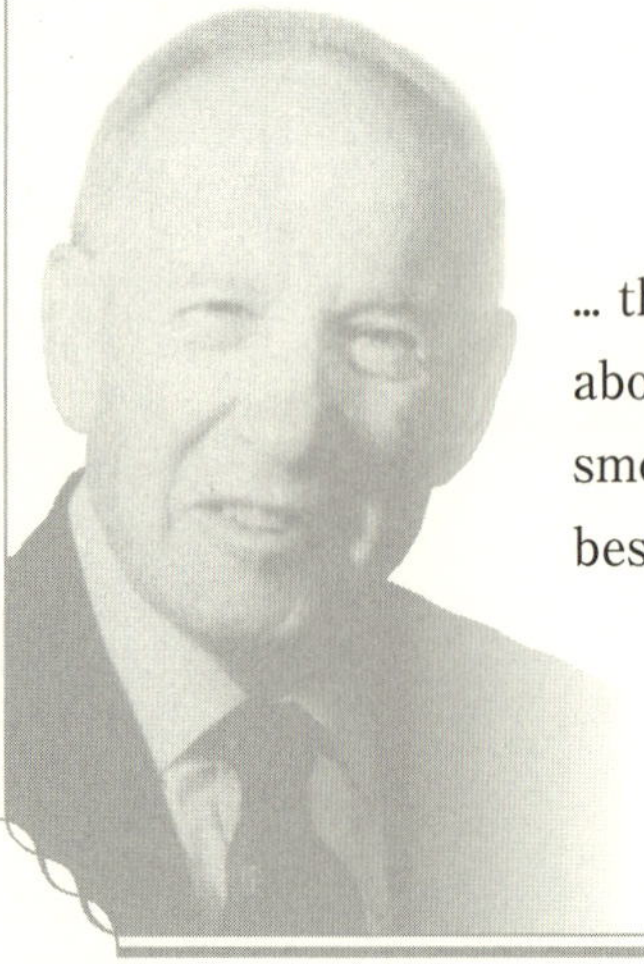

... the wrong structure aborts results and smothers even the best-directed efforts.

—— Managing for Results ——

かみ合わせが間違っていたら、いくらがんばっても意味がない　© Zhao jian kang / Shutterstock.com

組織が正しい構造になっているからといって、いつも成果があがるわけではない。

だが、そもそも組織構造が間違っていると、成果につながらない仕事に没頭したり、コミュニケーションのすれ違いが起こったり、部門間の主導権争いが起こったり、責任のなすり合いが起こったりと、成果をあげる仕事以外のことに神経と時間を費やせざるをえなくなる。いくらがんばっても、歯車の組み合わせが違えば、正しいものを生み出すことはできない。

こうした浪費を起こさないためにも、組織構造の設計は、事業の定義、強みの特定、優先順位の決定に焦点を合わせることからスタートしなければならない。

なぜなら、組織構造はその企業が採用する戦略に従うものであり、会社が成長するためには、戦略を遂行するのに有利な組織構造が必要になるからだ。

ドラッカーの言葉 45

機械的組織と生物的組織

部分は全体との
関連においてのみ
存在が可能である。

『テクノロジストの条件』(p.7)

... the parts exist in contemplation of the whole.

── Landmarks of Tomorrow ──

「部分」は全体での役割を離れて単独で仕事をすることはできない　© Olha Ukhal / Shutterstock.com

経済が成熟し、産業や市場の構造が複雑になったり、企業規模が大きくなったりしてくると、機械的な構造の組織では、顧客ニーズや外部の変化に対応できなくなる。

そのため、部品を寄せ集めたような組織ではなく、生物的な組織にならなければ、生き残ることはできない。

例えば、人の器官を考えてみよう。器官それぞれが強くなければ体全体は強くならないし、強い器官だけを取り出しても、その部位単体では機能しない。個々の器官は、全体の中でのみ有効に機能することができる。

また、人体には、脳の指令によって働く部分と、免疫システムのように、独自の対応で働く部分があるが、組織活動にも、同じことが求められる。

重要な判断を経営トップが下すときと、現場が独自に判断・対処するときとが、それぞれ機能し合うような状況である。

ドラッカーの言葉 46

生産性を支えるもの

生産性とは、最小の努力で最大の成果を得るための生産要素間のバランスのことである。

『現代の経営 上』(p.53)

Productivity means that balance between *all* factors of production that will give the greatest output for the smallest effort.

── The Practice of Management ──

数字を見ているだけで良い経営はできない。「人」こそ成果の鍵だ　　© vinnstock / Shutterstock.com

企業は、「顧客の創造」のために、ヒト・モノ・カネ・時間を使う。経営におけるそれらの使い方が違うから、企業間に業績の差が出る。

私たちは、生産性を計る尺度として、時間あたり、人あたり、機械あたり、投下資本あたり、などの生産性を知りたがる。

しかし、それらは結果であって、業績に決定的な差をもたらす原因ではない。間接的な働きかけによってしか、生産性を高めることはできないのだ。

今日の知識社会において、企業の生産性を高めるものは、資本形成率でもなければ、設備投資率でもない。ブレーン（頭脳・知恵）形成率である。

つまり、どれだけ優秀な人材を集められるかが、企業の盛衰を決定することになる。言い換えれば、言い古されてきた「企業は人なり」が生産性を左右する。

ドラッカーの言葉 47

人の限界と企業の意義

企業とは
成長、拡大、変化のための
機関である。

『現代の経営 上』(p.50)

... business is the specific
organ of growth,
expansion and change.

—— The Practice of Management ——

時間の制限を超えて成果をあげるには、多様な能力の「協力」が欠かせない　© Sergey Novikov / Shutterstock.com

人は「時間」という制約を超えることはできない。どんなに優秀な人でも、与えられた時間は、1日なら24時間が上限であり、働く期間は最長でも70年が上限だろう。

また、人の能力には限界がある。どれだけ多彩な能力を持っている人でも、3つ以上の一流の能力を持つ人はまずいない。

人の能力にはかぎりがあるから、変化や成長できる度合いにも、当然、限界がある。人はその限界を超えて、変化することも成長することもできない。

しかし、多様性を内蔵できる企業では、それが可能である。多数の優れた能力が集まり、有効に機能し合うことで、個々人の限界を超えた集団として、成長・拡大し、変化に対応することができる。

これが「企業」という仕組みの最大の特徴だ。

ドラッカーの言葉 48

企業の質を握るもの

**企業は、
人間の質によって、
つくられも壊されもする
人間組織である。**

『創造する経営者』(p.144)

Business is a human organization, made or broken by the quality of its people.

── Managing for Results ──

企業の特徴は、人間にしかできない部分をいかに発揮しているかに現れる　© Matej Kastelic / Shutterstock.com

業績が低迷している会社や支店に、新しい社長や支店長が就任すると、業績が急激に回復することがある。当然のことながら、その反対のことも同じくらい起こっている。

現場で動くメンバーは変わらないのに、なぜ、そんなことが起きるのか。それは、企業は人の働き次第で業績が変わる〝人間組織〟だからだ。

人工知能やＩＴの進化により、「人の仕事はどんどんなくなる」と言う人がいる。しかし、その人工知能やＩＴを構想し、設計するのは、今のところ人である。つまり、人間の仕事の質が変わっただけなのだ。

今後、ますます現場の仕事は人工知能・ＩＴ・機械・ロボットに取って代わられるだろう。しかし、経営方針やビジョンの策定、戦略構築は、人間の仕事に留まらざるをえない。

人間は、より人間にしかできない仕事を追求していく必要があるといえるだろう。

ドラッカーの言葉 ㊾

コストセンターを縮小する

**組織の中に生じるものは
努力とコストだけである。**

『経営者の条件』(p.32)

What happens inside any organization is effort and cost.

── The Effective Executive ──

社内の活動はすべてコスト。生産性を問わなければならない　© Stokkete / Shutterstock.com

企業の利益を生み出す所（プロフィットセンター）は、顧客がいる社外に存在するのであって、社内にはない。社内に存在するのは、費用を生み出すコストセンターだけだ。

また、生産性の観点から、業績を得るために投入する努力（コスト）は少なければ少ないほど良いのはいうまでもない。

従って、いかに経営者が「わが社は社員が1万人もいる大企業です」と胸を張っても、その経常利益率が数％程度でしかなければ、その会社の生産性の悪さを自慢しているようなものだ。

例えば、アメリカのGEは15兆円の売上に対して、経常利益率は10％前後と高い。これは、日本の大企業に比べて、コストセンターが相対的に小さいことを意味する。

このような企業であれば、規模の大きさを誇っても笑われることはないだろう。

ドラッカーの言葉 50

“正しい”資源の再配分

事業において、
完全なバランスは
組織図にしかない。

『創造する経営者』(p.209)

Perfect balance in a business exists only on the organization chart.

—— Managing for Results ——

資源は均等に配るのではなく、“切り札”は投資価値の高い成長事業に配分するようにしよう

© Syda Productions / Shutterstock.com

企業が、不完全である人間が仕組みをつくって運営しているものである以上、完全に調和がとれた状態でいられることは、ありえない。

経営資源の配分にしても、こちらは不足しているが、あちらは余っているという状態が普通だ。成果を求めて各部署に同じように資源を配っても、「これはもういらない」『あれはもっと欲しい」といった要望が必ず生じてしまうのだ。

また、外部環境に左右される事業においては、ある事業は成長しているが、別の事業は低迷・縮小しているということが当たり前である。

要するに、経営資源の分配は、いかに均等・公平に行おうとしても、慢性的にアンバランスになってしまいがちだ、ということだ。

資源の再配分は、投資と費用を区分し、生産性を尺度にするとよい、とドラッカーはいう。そうすれば、成長事業が栄養不足の状況になることも、誤って衰退事業に資源を投入することもなくなる。

ドラッカーの言葉 51

安定とは固定しないこと

あらゆる制度は
変化の奔流をせき止め、
あるいは遅らせることを
第一の目的とした。

『テクノロジストの条件』(p.12)

All social institutions of man ... had as their first purpose to prevent, or at least to slow down, the onrush of change.

—— Landmarks of Tomorrow ——

江戸城は大政奉還後、東京城、皇城と名を変え、後に皇居となった　© CO Leong / Shutterstock.com

家庭も企業も、およそ人の集団というものは変化を嫌い、安定を求める。

しかし、安定と固定は違う。環境に合わせて変化していくことが安定につながるにもかかわらず、大多数の人々は、変化を避けて固定を求めている。

だが、変化を嫌い現状維持を求める人々（抵抗勢力）の圧力に屈すれば、その現状さえ失うことになる。

例えば、江戸時代265年間の経済成長率は1％程度で、歴史的に見て、最も変化が少ない期間だったといえる。

徳川家の「安泰」のために変化を抑制した状態を「安定」と見るのであれば、江戸時代は、国民の豊かになる権利を奪うことのうえに成り立つ安定期だった。

やがて、諸外国の圧力で状況が変わり、「安定」は失われて江戸幕府は瓦解したが、変化を推し進めた明治政府によって、多くの国民は豊かになった。

ドラッカーの言葉 52

「捨てる仕組み」を持つ

**あらゆる組織が、
変化のためのマネジメント
を自らの構造に組み込む
ことを要求する。**

『プロフェッショナルの条件』(p.34)

... every organization has to build the management of change into its very structure.

—— Managing in a Time of Great Change ——

変化に合わせて事業を変えていくためには、捨てる方法にもルールが必要だ　© Aggie 11 / Shutterstock.com

既存の組織は、新しく開発された「より良い組織理論」によって、陳腐化させられる運命にある。

また、変化し続ける環境によって、既存の組織は、やがて意味のないもの、非生産的なものに変わっていく。だから、組織は生き残るために、変化を求めて再編成、再構築を続ける必要がある。

そのためには、現在の組織構造を例外なく、遅滞なく、体系的な廃棄の対象として考えなければならない。「変化のためのマネジメント」とは、体系的な廃棄システムを持っていることだ。体系的な廃棄システムとは、「何を捨てるか、何を加えるか」を決め、それを確実に実行する仕組みのことだ。例えば、飲食チェーンでは、飽きられないようにメニューを変更し続けるのは不可欠のマネジメントだ。

そのためには、かつては主力だった商品・顧客・流通チャネルを廃止したり、新しい事業のための組織にするために既存の仕組みを再構築したりする「基準」を設定しなければならない。

ドラッカーの言葉 53

人事の重要性

マネジメントの
究極の手段は、人事である。

『チェンジ・リーダーの条件』(p.182)

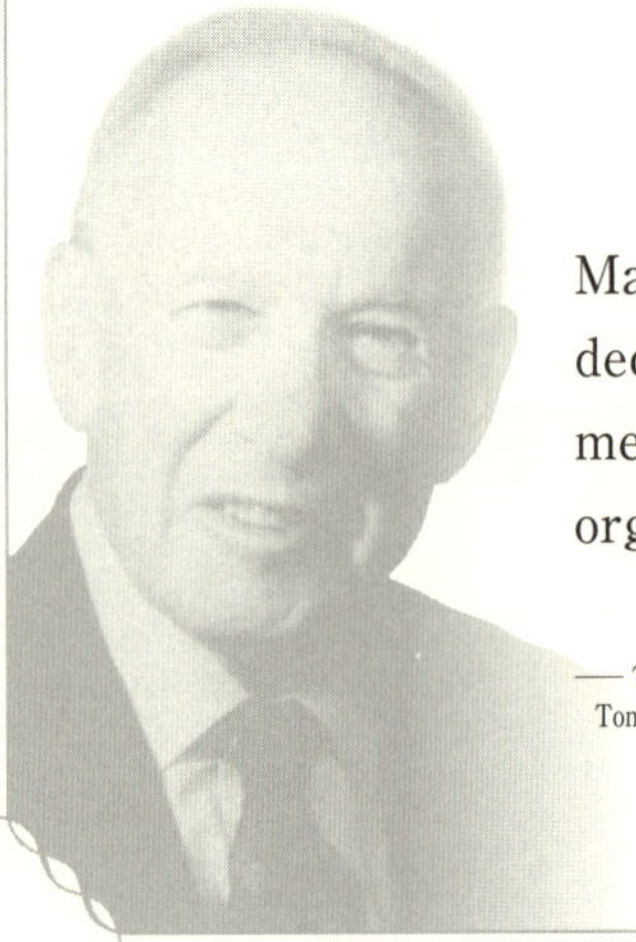

Making the right people decisions is the ultimate means of controlling an organization well.

— The Frontiers of Management: Where Tomorrow's Decisions Are Being Shaped Today —

「どんな活動がどう報われるのか」から、経営者や管理者の資質が透けて見える　© auremar / Shutterstock.com

人事は本来、事前に示された評価項目と、それに基づいて結果を評価することで、公平に行われるべきものである。

しかし、口では「公平・公正な人事を行う」と言いながら、その実、身内を優遇したり、適正な昇進・配置ができなかったりする経営者や管理職は少なくない。

だが、こうした人事の結果、経営者や管理者の本性（能力や性格、価値観、仕事への真摯さなど）は、部下たちに見すかされてしまう。

一方、評価され配置される人たちは、他の従業員のどんな働きがどのように報われるかを見て、自分自身の言動を決める。

だから、仕事の結果よりも、上司との接し方で優遇される人がいれば、他の従業員もそれに学び、仕事よりも接し方に努力を傾けるようになる。こういう組織は、やがて衰退していくだろう。

人事を甘く見てはいけない。

ドラッカーの言葉 54

人を軽んじる経営者の驕《おご》り

あらゆる組織が、
「人が宝」と言う。
ところが、それを行動で
示している組織は
ほとんどない。

『プロフェッショナルの条件』(p.41)

All organizations now say routinely 'People are our greatest asset'. Yet few practise what they preach ...

── Managing in a Time of Great Change ──

優秀な人材はますます不足する。
顧客と同じように従業員も大切にする必要がある
© Rawpixel.com / Shutterstock.com

右の言葉の後に、「本気でそう考えている組織はさらにない」とドラッカーは続けている。人を軽んじている組織があまりに多いということだ。その根本的な理由は何か。

それは経営者たちが19世紀の雇用主と同じように、「企業が従業員を必要としている以上に、従業員が企業を必要としている」という認識を潜在的に持っているからだ。

しかし、優秀な人材は、いつの時代も不足している。おまけに今は、少子化の時代である。優秀な人材に関する需供関係は、さらに企業側に不利な状況になっていく。

こうした経営環境下では、顧客に対するマーケティングと同じくらいに、人材に関するマーケティングが重要になっている。生き残りたいなら、本気で「人が宝」と考え、行動する以外にない。

ドラッカーの言葉 55

「強み×強み」が良い人事

優れた人事は
人の強みを生かす。
弱みからは
何も生まれない。

『経営者の条件』(p.102)

The effective executive makes strength productive. He knows that one cannot build on weakness.

—— The Effective Executive ——

演奏者たちが得意な楽器を持ち寄って楽曲を奏でるオーケストラ。企業の組織もこうありたい　© Stokkete / Shutterstock.com

ドラッカーの好きな言葉の一つに、鉄鋼王だったアンドリュー・カーネギーの墓標に刻まれた「自分より優れた能力の人を使う方法を知っている男、ここに眠る」がある。

ドラッカーは、この言葉が人事のすべてを言い表しているのだ、という。

弱みを克服したからといって、一流になれるわけではない。弱い能力を伸ばしたとしても、人並み程度がせいぜいだからだ。それより、強みを最大限に発揮させ、弱みを他の人がカバーしてやるほうが、一流の人材育成に結びつくし、組織全体の成果も高まる。

だから、目標達成を目指すときは、自分自身・上司・部下、さらには他部署の強みを総動員することを考えなければならない。従って、自力だけで達成できる目標を設定する／させるのは、根本的に間違っている。その点、オーケストラは、組織プレーの最たるものだといえよう。

ドラッカーの言葉 56

「ヒトは資源」の本当の意味

人には他の資源にはない資質がある。すなわち、調整し、統合し、判断し、想像する能力である。

『現代の経営 下』(p.103)

... the human being has one set of qualities possesed by no other resource: it has the ability to co-ordinate, to integrate, to judge and to imagine.

—— The Practice of Management ——

人にはそれぞれ適した活躍の場がある。素材の性質を見極めよう　© Marcos Mesa Sam Wordley / Shutterstock.com

ヒトは、モノやカネと並んで、三大経営資源といわれている。もし、ヒトが〝資源〟ならば、他の資源、例えば、金や鉄や銅やアルミのように、優れた能力と劣った能力を知ったうえで、最適な使い方をしなければならない。もし、鉄にアルミの働きを要求する人がいれば、それはただの愚か者だ。

ヒト特有の能力は、調整力・統合力・判断力・想像力である。しかし、ドラッカーの時代と違って、近年これらの能力も、人工知能の発達によって、ずいぶんとヒトの能力に近づいてきた。

その他、物理的な能力であるパワー・スピード・継続性などでいえば、ヒトは機械に遠くおよばない。

このような現実を踏まえて、ヒトにしかできない仕事を担当させること。それが人事の原則である。

ドラッカーの言葉 ㊼

上司もまた資源である

**成果をあげるには、
上司の強みを
生かさなければならない。**

『経営者の条件』(p.127)

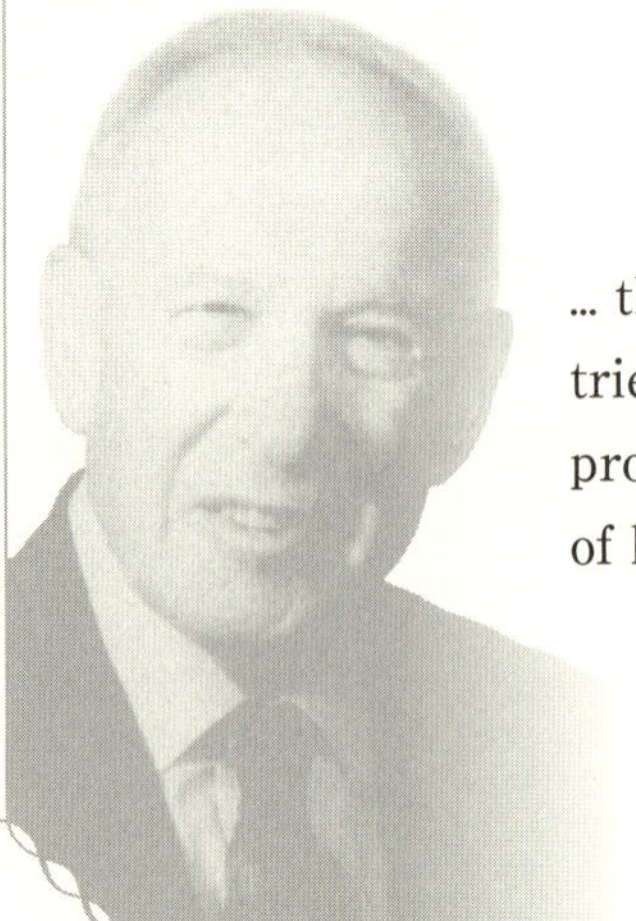

... the effective executive tries to make fully productive the strengths of his own superior.

—— The Effective Executive ——

いたずらに上司に萎縮や遠慮をしても始まらない。その人となりを観察して、弱みをサポートしてみよう　© Photographee.eu / Shutterstock.com

管理職になると、部下との関係で悩む人は多い。だが、組織に勤める人の中で、直属の上司との関係に悩む人はさらに多い。

たまたま上司のできが良くて悩まずにすんでいる人は、「80：20の原則」で考えるなら、全体の20％にすぎないだろう。しかも、その恵まれた期間は、次の人事異動までの数年間にすぎない。

では、部下として、上司にどのように接するか。ドラッカーによれば、答えは意外に単純だ、という。

仕事としてつきあうだけならば、上司の強みと弱みを知り、上司が成果をあげるために、上司の強みを活かせるようにサポートすれば良い。

上司の強みを活かすことは、部下である自分自身の成果をあげるカギでもある。信頼されれば、当然、チャンスも増えるからだ。

ドラッカーの言葉 58

「良い人間関係」への誤解

自らの仕事や人との関係において、貢献に焦点を合わせることにより、初めて良い人間関係がもてるのである。

『プロフェッショナルの条件』(p.90)

They (=effective executives) have good human relations because they focus on contribution in their own work and in their relationships with others.

── The Effective Executive ──

良い仕事で良い成果があがるのが、職場の良い人間関係。真摯な衝突もときに必要だ

© Master1305 / Shutterstock.com

企業においては、「仲良きことは美しきこと」ではない。

温かな会話や思いやり、善意の優しさに満ちあふれていたとしても、企業が倒産したのでは、良い人間関係が成立していたとはいえない。

反対に、会議のたびに、険悪な雰囲気に包まれるような会社だとしても、その結果として目標が達成されているのであれば、それは良い人間関係の職場といえるのかもしれない。

企業は社外への貢献のために存在している。その社会への貢献を実現するために従業員が相互に貢献し合える関係こそ、企業における「良い人間関係」なのだ。

つまり、企業では、目標達成のために、どのような貢献関係にあるかが、人間関係を考えるうえで、最も重要な観点なのである。

ドラッカーの言葉 59

知識労働者の価値

最も価値ある資産は
知識労働者と
その生産性である。

『テクノロジストの条件』(p.73)

The most valuable asset ...
will be its *knowledge workers* and their *productivity.*

― Management Challenges for the 21st Century ―

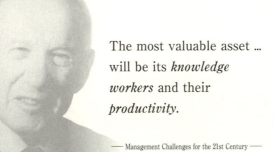

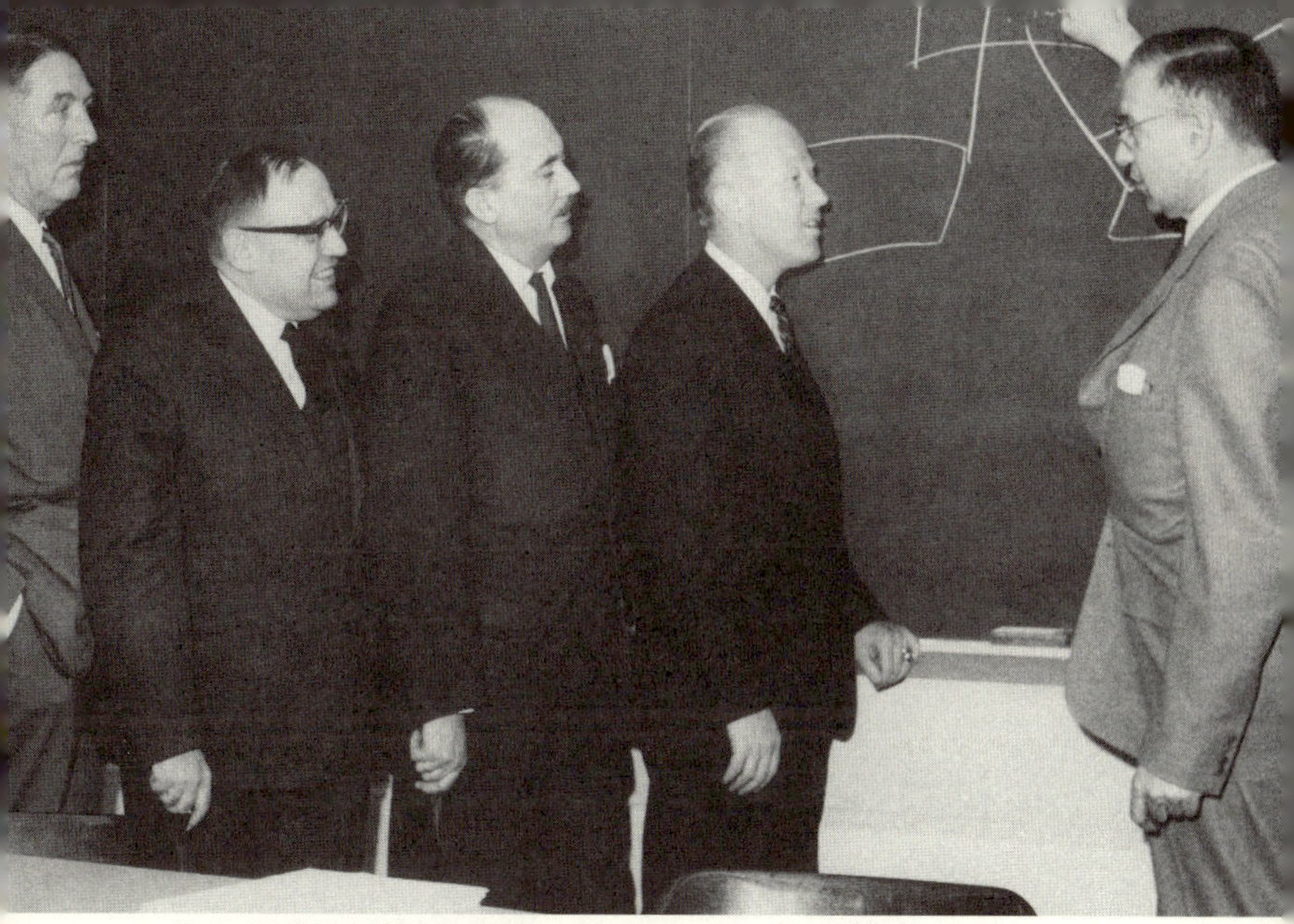

ポーランドの役人たちと議論するドラッカー。
1695年3月ニューヨーク、マンハッタンにて

© Bettmann / CORBIS / amanaimages

ドラッカーは、「20世紀のマネジメントの偉業は、製造業での肉体労働の生産性を50倍に引き上げたことだ」と述べている。

20世紀の生産性は、肉体労働を機械労働に置き換えることで、生産性の向上を果たしてきた。そして、「21世紀に期待される偉業とは、知識労働者の生産性を同じように大幅に上げることである」と右の言葉の後に続けている。

肉体を改造するだけでは、仕事の生産性を何倍も引き上げることはできない。しゃかりきになるだけでは、伸ばせる業績は、たかが知れているのだ。

しかし、知識を動員してプロセスを変え、道具を変え、エネルギーを変え、商品の価値や意味を変えると、生産性は飛躍的に向上する。

知識労働者の仕事の本質は考えることである。今の仕事を根本から見直すことで、次なる成長が見えてくる。

ドラッカーの言葉 60

短命な同族企業

「同族企業」という言葉で
鍵となるのは、
「同族」のほうではない。
「企業」のほうである。

『チェンジ・リーダーの条件』(p.191)

The controlling word in 'family-managed business' is not 'family.' It has to be 'business.'

── Managing in a Time of Great Change ──

イケアの某店内。地球環境の持続可能性への率先した取り組みにも支持が集まる　© Tooykrub / Shutterstock.com

企業において、最優先して考えなければならないのは、顧客のこと。なぜなら、顧客は、購入の決定権を100%持っているからだ。

だから、企業人が第一義的に奉仕すべき相手は顧客であり、顧客満足を実現し続けることこそ、企業の使命であるといえる。

しかし、同族企業では、企業であるにもかかわらず、顧客ではなく同族に奉仕することを求める場合が多い。それこそ、同族企業が長続きしない主な原因である。

要は、同族企業であろうと、企業である以上、その活動の目的が一族に奉仕するものであってはならず、顧客への奉仕につながるものでなければならない。だから、企業に奉仕できない人は、たとえ経営者一族であっても、自社で働かせていけない。

トヨタ自動車、サントリー、村田製作所、イケア、ウォルマートなど優秀な同族企業は、それをよく理解している。

© Zepedrocoelho / Shutterstock.com

4章

仕事で高く飛び続ける【運営編】

構築した組織を日々、健全に運営していくためにも絶え間ない努力が欠かせない。慣れや惰性に陥らないように、ドラッカーの視点で自らを戒めよう。

ドラッカーの言葉 61

成果の源は外部にある

**企業の活動が、
成果を生むか無駄に
終わるかを左右するのは、
企業の外部にいる者
である。**

『創造する経営者』(p.5)

It is always somebody outside who decides whether the efforts of a business become economic results or whether they become so much waste and scrap.

—— Managing for Results ——

利益は必ず、社外からやってくる。社内の存在は誰もがコストである　© Kritchanut / Shutterstock.com

110ページで述べたように、企業の内部にはプロフィットセンター（利益を生み出す所）は存在しない。社内にあるのは、コストセンター（費用の発生源）だけだ。

どんなに優れた商品でも、社内にある間は単なる在庫（コスト）である。商品は、顧客に買われて初めて収益になる。

製造、販売、経理、企画などの部門は、すべて活動を伴い、コストを発生させる。それらの活動が本当に成果に貢献できるかどうかは、結果が出るまでわからない。

つまり、成果とは、社内で決められる性質のものではない。顧客が、購入という形で評価するものである。あるいは、監督官庁や自治体の許認可によって成果が生まれる場合もある。

この現実を忘れている人が、あまりに多い。特に、顧客に接することが少ない間接部門や本社スタッフの人たちに多く見られる傾向である。

ドラッカーの言葉 62

マーケティング不在の経営

**マーケティングを
行っていない企業が
あまりに多い。
言葉だけに終わっている。**

『チェンジ・リーダーの条件』(p.29)

.... marketing is still rhetoric rather than reality in far too many business.

—— Management: Tasks, Responsibilities, Practices ——

2000年10月のドラッカー。
クレアモント大学のライブラリにて

Ⓒ Robert Gauthier / Los Angeles Times / Getty Images

「マーケティングとは、顧客からスタートする事業活動のすべて」だと、ドラッカーはいう。

マーケティングの重要性が語られ出して、100年以上が過ぎた。また、マーケティングは経営の「イロハ」の「イ」だと、多くの経営者が当然のように認識している。

にもかかわらず、本当のマーケティングを実践している企業は、あまりにも少ない、とドラッカーは嘆く。なぜこの現実が続くのか。それについては、ドラッカーも説明できなかったそうだ。

「マーケティングは、販売活動をなくすこと」とドラッカーはいう。本質的なことをいえば、「売り込み」が必要なのは、顧客についての理解が足りず、顧客の心を捉えきれていない状況、すなわちマーケティングが不十分なとき。ドラッカーのこの教えは、業績を向上させたい経営者なら、誰もが胸に刻むべきだろう。

ドラッカーの言葉 63

「目標」の本質的な意味

目標とは、事業にとって基本戦略そのものである。

『チェンジ・リーダーの条件』(p.38)

Objectives ... are the *fundamental strategy of a business.*

—— Management: Tasks, Responsibilities, Practices ——

目標はミッション（使命）を果たすためのコミットメント（公約）である。

ここでいう「目標」とは、年間計画など目の前の目標ではなく、将来に向かってどんな道を行くかを示す「戦略目標」と捉えること。そうしないと、ドラッカーが述べるように、目標＝基本戦略という位置づけにならない。

言い換えると、企業にとって目標とは、「自社の事業は何か。このままいくとどうなるか。どうなるべきか」という問いから導き出される、具体的かつ実現可能な事業の姿を語るものにならなければならない。過去、現在の事業の姿をひいき目ではなく、ありのままに認識していなければ、未来の事業を構想することは難しい。

そのように設定される戦略目標は、行動のためのもの、資源と行動を集中させるためのものでなければならない。従って目標は、事業の成否に影響するすべての項目について設定しなければならない。

事業の目標を考えるとは、自社のあるべき姿を内省することにも通じる

ドラッカーの言葉 64

「目標設定」の射程

事業の目標は、
事業の存続と繁栄に
直接かつ重大な影響を
与えるすべての領域に
おいて必要である。

『現代の経営 上』(p.83)

Objectives are needed in every area where performance and results directly and vitally affect the survival and prosperity of the business.

— The Practice of Management —

結果を意識し過ぎると、かえって的を外す。土台となる姿勢づくりに注力しよう　© Still AB / Shutterstock.com

「事業の目標を立てる」とき、今期の売上と利益だけを目標に設定する企業が多い。他の目標は「ついで」「おまけ」みたいな位置づけだ。

しかし、利益だけを強調して目標を設定すると、経営陣や管理者の選択を誤らせ、経営を危機にさらしてしまう。それは、ダーツで、「的に当てよう」と思いすぎると力が入り、かえって外れてしまうことと似ているかもしれない。

実際、今日多発している粉飾決算、成分や産地の偽装・虚偽、データ改ざん・データ流用などは、すべて目先の売上と利益を目標とし、それを達成しようと〝努力〟したことから発生している。

もし、問題を起こした企業に「顧客第一」「社会的責任」などの目標が、利益と同じくらい重要なものとして設定されていたら、こうした問題は起こっていなかっただろう。つまり、企業が過ちを犯す原因は、目標の設定の仕方にあるのだ。

ドラッカーの言葉 65

「目標管理」への誤解

目標は、その属する上位部門の成功に対して行うべき貢献によって規定される。

『チェンジ・リーダーの条件』(p.164)

... the goals of each manager's job must be defined by the contribution he has to make to the success of the larger unit of which he is a part.

— The Practice of Management —

社内の仕事はすべて連携している。周りへの貢献を意識することが大切　© bikeriderlondon / Shutterstock.com

目標管理とは、一般的に誤解されているような「ノルマ管理」のことではない。ドラッカーが提唱した目標管理の本来の意味は、「自己規制に基づく目標による経営」である。

言い換えると、「企業全体の目標を達成するために、あなたは、どのような貢献をしてくれますか」という「貢献を問う質問」から導き出されるものが個人の目標であり、その進捗状況と達成度を評価するのが目標管理なのである。

問いに対し、個人は「私は、企業の目標を達成するために、○○の部分について××の貢献をします」と宣言する。全体の目標をこのように事業、部、課、係の活動に落とし込んでいくのだ。自分の作業をきちんと処理するだけでは不十分で、社内外の後工程の人が、受け取りやすいバトンにして渡すことが重要なのだ。

すると、企業は総体として、目標による経営システムになる。それは、自発的な責任を負うものであり、ノルマ管理よりきびしい。

ドラッカーの言葉 66

最難関は「実践」

組織においては、
そこに働く者は、
共通の目標に向けて
自動的に方向づけされる
わけではない。

『チェンジ・リーダーの条件』(p.159)

... in the business enterprise managers are not automatically directed toward a common goal.

── The Practice of Management ──

リーダーは強制ではない形で、メンバーを方向づけしていかなければならない　© Mikkel Bigandt / Shutterstock.com

「うちの従業員（部下）は会社のために動いてくれるはず」と思い込んでいる経営者や管理者は多い。だが「計画をつくったら目標を達成できる。仕組みをつくったらスムーズに運営できる」などということはありえない。

経営とは、実践である。目標は設定してからが、仕組みはつくってからが始まりである。きびしい競争環境のなかで、しっかりとした経営をしていこうと思うなら、その目標に相応しい方法と特別熱心な努力が必要である。

そのためにリーダーは、チームをゴールに導く牧羊犬のような存在となる必要がある。

目的を共有し、目標を理解させ、方法論を詰め、進捗をサポートし、良ければ褒め、悪ければ激励と具体的なアドバイスを与える。ときには叱責しながら部下や自分自身、そして上司までもマネジメントしなければならない。そのうえで、事業全体の目標に向かった舵取りをする必要があるのだ。

ドラッカーの言葉 67

行動計画は目標に連動する

アクションプラン
（行動計画）とは
意図であって、
絶対の約束ではない。
拘束ではない。

『経営者の条件』（p.6）

The action plan is a statement of intentions rather than a commitment. It must not become a straitjacket.

── What Makes an Effective Executive
(Harvard Business Review) ──

行動計画の実行中もその目的を忘れないように。
必要ならいつでも軌道修正しよう

目標は絶対的なものではなく、方向を示すものである。目標を設定したときと状況が変われば、当然、目標も変更しなければならない。

同じように、目標達成のためのアクションプラン（行動計画）も、「こうしたい。こうなりたい」という強い希望であって、絶対に従わなければならない約束や拘束ではない。プランに囚われてしまうと、かえって大きなミスや機会損失につながる場合もあるからだ。

目標に向かって行動した過程で手にした大成功が、新しい可能性を切り開いてくれることがある。反対に、ある大失敗が制約条件となって、目標の変更を余儀なくされることもある。あるいは、単に経営環境の激変で、やっている活動自体に意味がなくなることもある。

そのようなことも含めて、アクションプランには、柔軟性がなければならない。

ドラッカーの言葉 68

経営状態のメンテナンス

組織が成果をあげること
を望む者は、常に計画、
活動、仕事を点検する。
「これは価値があるか」を
自問する。

『プロフェッショナルの条件』(p.140)

The executive who wants to be effective and who wants his organization to be effective polices all programs, all activities, all tasks. He always asks: "Is this still worth doing?"

— The Effective Executive —

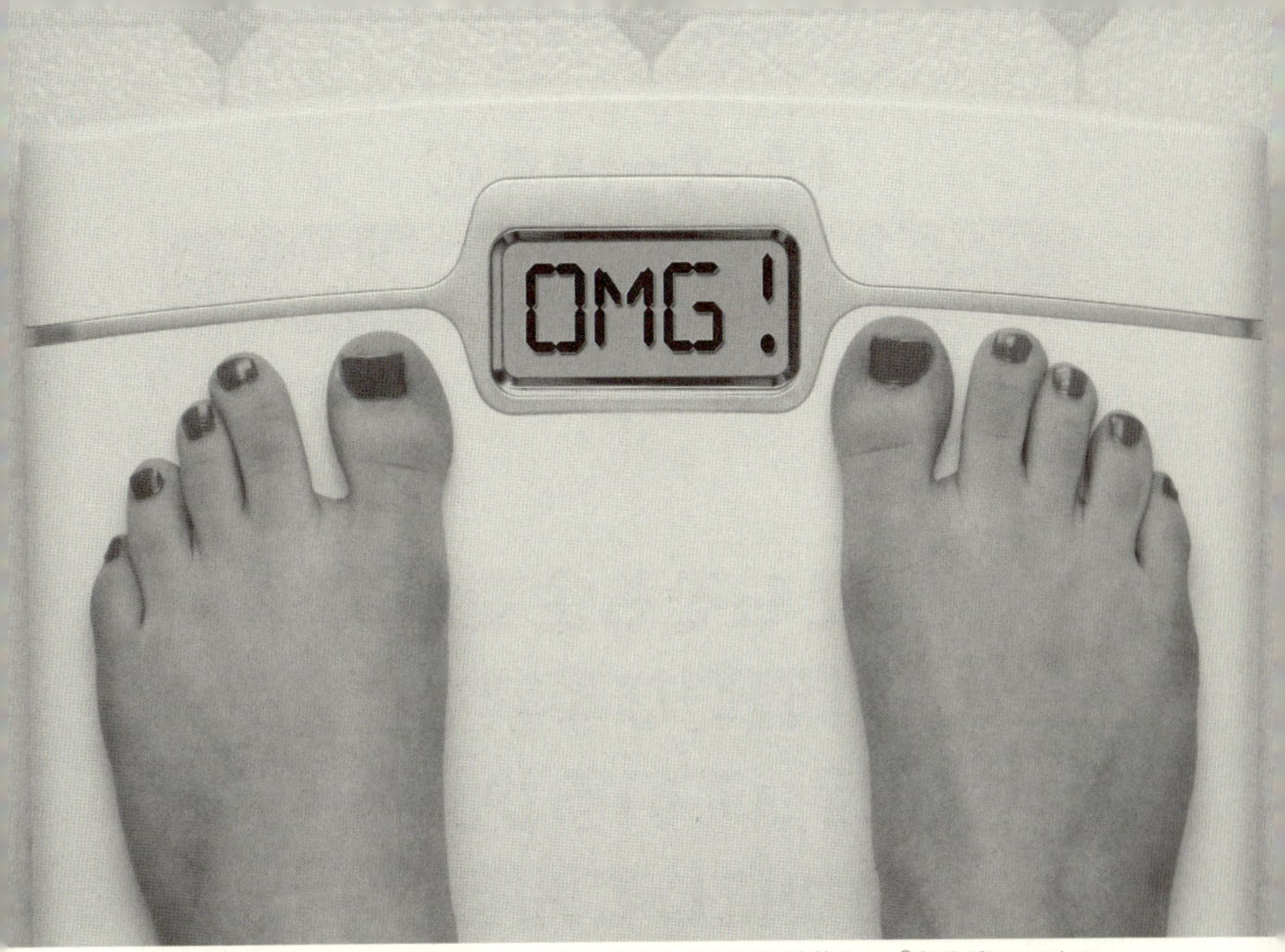

惰性で事業を続けていると、組織にもぜい肉が増えて、動きが鈍くなる。油断大敵だ　© SAJE / Shutterstock.com

企業経営の世界に不変なものなどない。変えてはいけないものは、「顧客満足への貢献」だけだ。経営理念も、ビジョンも、戦略も、事業構造さえ、状況に合わせて変化させていかなければならない。

変化し続け、顧客に十分貢献できる存在であり続けるにはどうしたらよいか。それには、経営環境や市場を観察し、情報を分析し、現在採用している計画・活動・仕事の方法が、今この時点での現実に合っているかを、常に点検し続けなければならない、とドラッカーは説く。

そして、本当に意味のある仕事に集中して取り組むために、計画・活動・仕事を含めて、古くなったものは適時、捨てていかなければならない。必要に応じて原点に戻り、自社の存在意義を問い直さなければならない。

それが、企業体質の強化策であり、肥満防止策である。

ドラッカーの言葉 69

事業をいかに評価するか

そもそも企業が「適切な事業を行っているか」をいかにして知るか。

『創造する経営者』(p.114)

... how do we know whether we are doing the right things?

—— Managing for Results ——

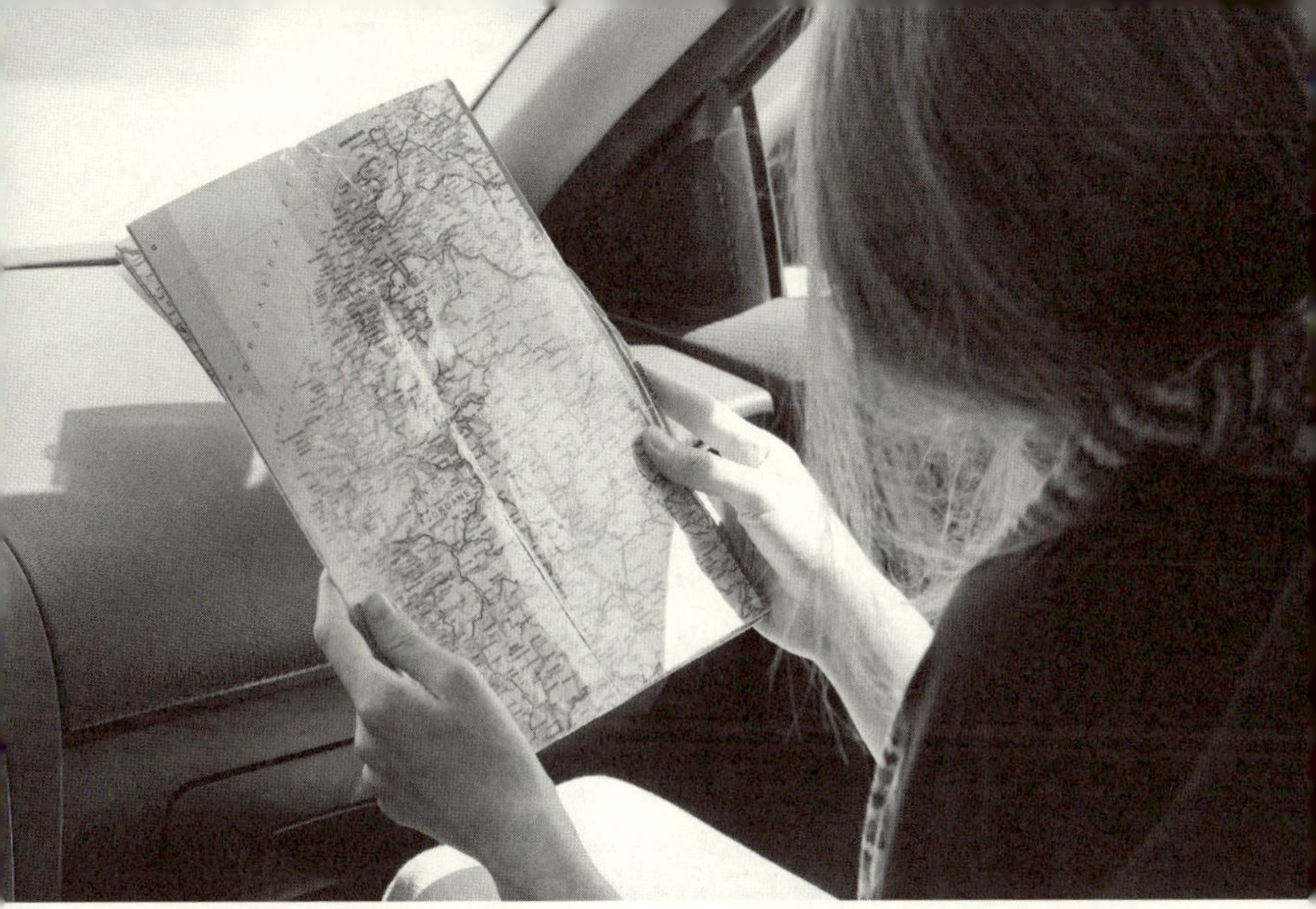

現在位置が正しいかどうか確かめるために、
ときに第三者の目で事業を眺めてみよう

© Mostovyi Sergii Igorevich / Shutterstock.com

経営について分析するときは、さまざまなデータや指標が使われる。顧客別・商品別・流通チャネル別・一人あたり・時間あたりの売上高や利益、在庫や商品回転率、製造原価などの数値は、社内情報に基づくほうが正確である。

それらを分析することで得られる情報は、「現在の事業が、どのような状況にあるか」を教えてくれる。それらの分析結果が悪ければ、改善するか、廃棄するか、売却するかしかなく、評価の判断は容易だ。

問題はそこそこに業績が良いとき。その業績がベターなのかベストなのか、他にもっと良い事業があるかどうかは、社内の情報ではわからない。

そもそも適切な事業を行っているかは、外から自社の事業を見る以外にない。自分が顧客なら、自分の会社から買いたいか。もっと良いものが他社から買えないか。カーナビや地図を見るときは、全体を俯瞰《ふかん》する。そんな高い視点や自問自答が必要だ。

ドラッカーの言葉 70

4つのリスク

リスクの大小は、
大きさだけで
判断すべきではなく、
その性格によって
判断すべきである。

『創造する経営者』(p.274)

A risk is small or big
according to its structure
rather than according to
its magnitude alone.

── Managing for Results ──

リスクの影響を最小限に留めるには、リスクと適切に向き合うことが大事 © Marco Antonio / Shutterstock.com

リスクは、それだけが単独で存在するわけではない。リスクは、通常、なんらかの活動とセットで発生する。

例外は、無作為（何の手も打たない、行動しないこと）に伴うリスクである。それは「嵐が来る」とわかっていて、じっとしているようなものだ。

企業活動が予測に基づいて活動するものであるかぎり、リスクをゼロにすることはできない。私たちにできるのは、求める成果に比例したリスクを負うことだけだ。

リスクには、①事業に付随する「負うべきリスク」、②失敗しても致命傷にならない「負えるリスク」、③失敗すると取り返しがつかなくなる「負ってはいけないリスク」、④負わないことによる「無作為のリスク」がある。リスクを負わないことが、かえってリスクになる場合もあるのだ。経営者は、これら4つのリスクをチャンスと一緒に考えなければならない。

ドラッカーの言葉 71

苦い決断は今下す

一般的に、成果をあげる決定は苦い。

『プロフェッショナルの条件』(p.167)

… most effective ones (=decisions) are (distasteful).

── The Effective Executive ──

苦い決断を思い切って下すことで、事業は健康状態に戻すことができる　© bonchan / Shutterstock.com

「やるべきこと」があまりに多く、「やるべきことをやるためのヒト・モノ・カネ・時間」が常に不足する企業活動において、「何をやるかを決定すること」には、「何に価値があるのかを判断すること」と同じくらい勇気が必要になる。

一つの有望な行動を選ぶことによって、その他の有望な選択肢を、すべて捨てなければならないからだ。

「良薬は口に苦し」という。

成果をあげる決定は、必ずしも苦くなければならない、ということはない。しかし、撤退・売却・解雇・廃止・削減・閉鎖・断念などの決定は、常に苦さを伴う。

だが、その苦さから逃れたいがために決定を先送りしたり、中途半端な行動ですませたりすると、経営そのものが苦くなってしまう。

ドラッカーの言葉 72

「満場一致」を疑う

**成果をあげるには、
教科書のいうような
意見の一致ではなく、
意見の不一致を
生み出さなければ
ならない。**

『プロフェッショナルの条件』(p.161)

... effective decision-makers deliberately disregard the second major command of the textbooks on decision-making and create dissension and disagreement, rather than consensus.

── The Effective Executive ──

全員一致は、話は早いが実りは少ない。反対意見こそ歓迎したい　ⓒhxdbzxy / Shutterstock.com

多様な価値観に基づいて、一つの議題を検討すると、満場一致になることは、まず、ありえない。逆に、満場一致になるのは、検討が不十分だった、という可能性が極めて高い。決して喜ばしい状況ではないのだ。

実際、ワンマン社長が主催する会議では、決定事項はすべて満場一致になる。それは会議の参加者が社長の顔色を窺《うかが》いながら、賛成・反対の態度を決めているからだ。

つまり、彼らは「何が正しいか」ではなく、「誰が正しいか」を判断基準にしてしまっているのだ。

意見の不一致や意見の対立は、思考を深めてくれる。だから、満場一致のときは、議論が不十分だとして、議論を深めるために、あえて自ら反対意見を出したり、周りの人に反対意見を求めることも必要になる。

ドラッカーの言葉 73

技師テイラーの福音

**（フレデリック・ウィンスロー・）
テイラーのもたらした
最大の福音は、
教育訓練にあった。**

『プロフェッショナルの条件』（p.18）

Taylor's greatest impact all told was probably in training.

—— Post-Capitalist Society ——

分析と体系化により、高度な技能の習得期間は劇的に短縮された　© Photographee.eu / Shutterstock.com

イギリス、ドイツ、アメリカなどは技術開発で先進国になった。

それに対して日本は、それらの国が開発した技術や機械を導入し、その運営や操作を教育訓練によって高度化して先進国になった。台湾・香港・韓国・シンガポールも、日本と同じように教育訓練で経済成長をとげた。

100年前までは、モノづくりは職人芸の世界であり、アートに近いものだった。その流れを変えたのが、「科学的管理法の父」と呼ばれたフレデリック・ウィンスロー・テイラー（1856～1915）だ。技師だったテイラーが、職人芸を体系的に教え・学ぶことができる科学的なもの（サイエンス）に変えたのだ。

肉体労働の仕事を分析・再設計したテイラーの「科学的管理法」が生産性を約50倍に増加させたのだった。

ドラッカーの言葉 74

「協力」を支えるもの

**たがいに
協力し合えるのは、
権限によるものではなく、
むしろ共通の情報を
もつからである。**

『プロフェッショナルの条件』(p.179)

It is information rather than authority that enables them (=a solist and the orchestra) manually to support each other.

—— The Frontiers of Management ——

情報が共有されているから、プロは実力を発揮できる　© Furtseff / Shutterstock.com

実力のある演奏家は、見知らぬオーケストラに突然加わったとしても、それなりに演奏できる。それは、楽譜という情報と指揮者の指揮による情報で、「何を」「どのように」演奏すればよいかが、わかるからだ。

しかし、公務員が商社の会議に突然加わっても、何を話し合っているのか状況は理解できず、演奏家と同じようにはいかない。それは、情報が共有できていないからだ。

つまり、チームとして一体化できるのは、情報が共有できているときだけなのである。

だから、企業活動（協働）で最も重要なのは情報である、ということになる。目的・目標・手段を共有し、業務を役割分担して、互いの進捗状況を把握しておかなければ、組織としての高い成果は望めない。

良い情報も悪い情報も、仲間には積極的に公開していくことが大切だ。

ドラッカーの言葉 75

部下に対する上司の責務

人に成果をあげさせるためには、「自分とうまくやっていけるか」を考えてはならない。

『プロフェッショナルの条件』（p.191）

Effective executives know that their subordinates are paid ...not to please their superiors.

—— The Effective Executive ——

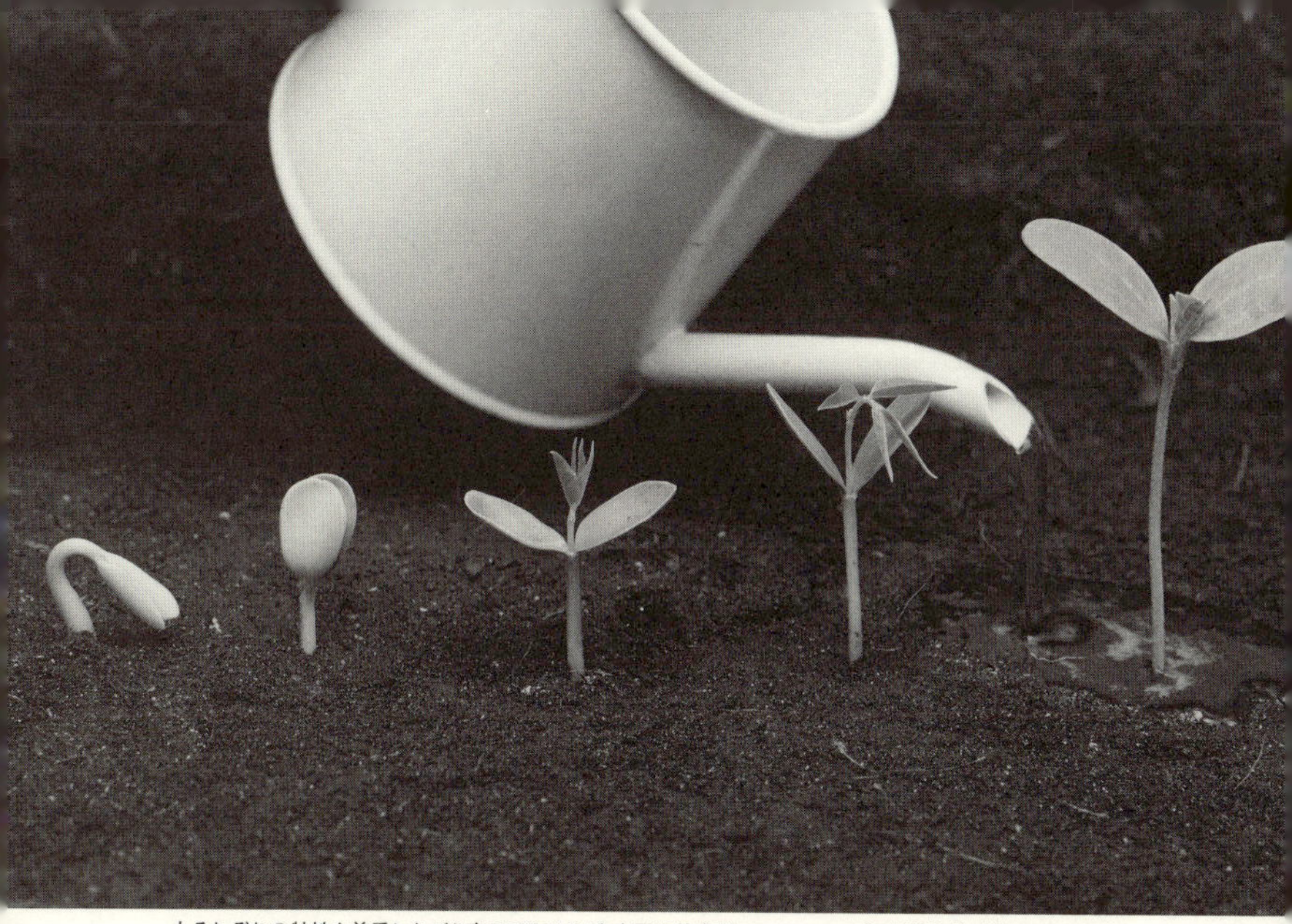

人それぞれの特性を尊重しながら育ててやるのが、上司の仕事だ　© wk1003mike / Shutterstock.com

部下を持ち、部下との人間関係で悩んでいる人は少なくない。だが、ドラッカーにいわせれば、そんなことで悩むのは、そもそも焦点がずれている。

部下は、上司であるあなたとうまくやるために給料をもらっているわけではない。企業目標の達成に貢献するために給料をもらっているのだ。

つまり、上司が問うべきは「どうすれば部下と仲良くやっていけるか」ではなく「その部下には、どのような貢献が期待できるか」である。同時に「その部下は何が非常に良くできるか」を徹底的に考えなければならない。

その能力（強み）を発揮してもらえるならば、自分との良好な関係などは後回しだ。そもそも、部下の欠点をカバーし、強みを発揮させるのが上司の仕事である。このように考えるのが成果をあげる秘訣である。成長は強制できない。作物を育てるように、本人の性質をよく見極め、特徴（強み）が最大限に発揮されるようにサポートする必要がある。

ドラッカーの言葉 76

コスト管理の王道

コスト管理の
最も効果的な方法は、
業績をあげるものに
資源を集中する
ことである。

『創造する経営者』(p.86)

Altogether focusing resources on results is the best and most effective cost control.

—— Managing for Results ——

機会に投資することで、コストの影響（コスト率）は下げられる　© Rostislav_Sedlacek / Shutterstock.com

コストに関する問題は、「額」ではなく「率」で考えるべきだ。言い換えれば、コスト・パフォーマンス（対業績比）である。

どんなにコストが安くすむとしても、業績に関係なければ、その活動は、単なる浪費にすぎない。もちろん、コストの絶対額が問題になるときもあるが、それは「資金繰り」「バランス」「優先順位」に関係する場合である。

企業活動から考えれば、コスト率が最も低いのは、最も大きなチャンスに焦点を合わせてコストを投じたときである。

従って、コスト管理のためにチャンスに焦点を合わせるのは、コスト率の低下を実現するための王道であるといえる。このようなコスト管理は、コストを単独ではなく、成果とセットで考えているのだ。利益を出そうとして、ただただコストをカットするのは、賢明とはいえない。

ドラッカーの言葉 ⑰

20%への注力

今日、効率性の原則のうち、集中の原則ほど守られていないものはない。

『創造する経営者』(p.14)

No other principle of effectiveness is violated as constantly today as the basic principle of concentration.

── Managing for Results ──

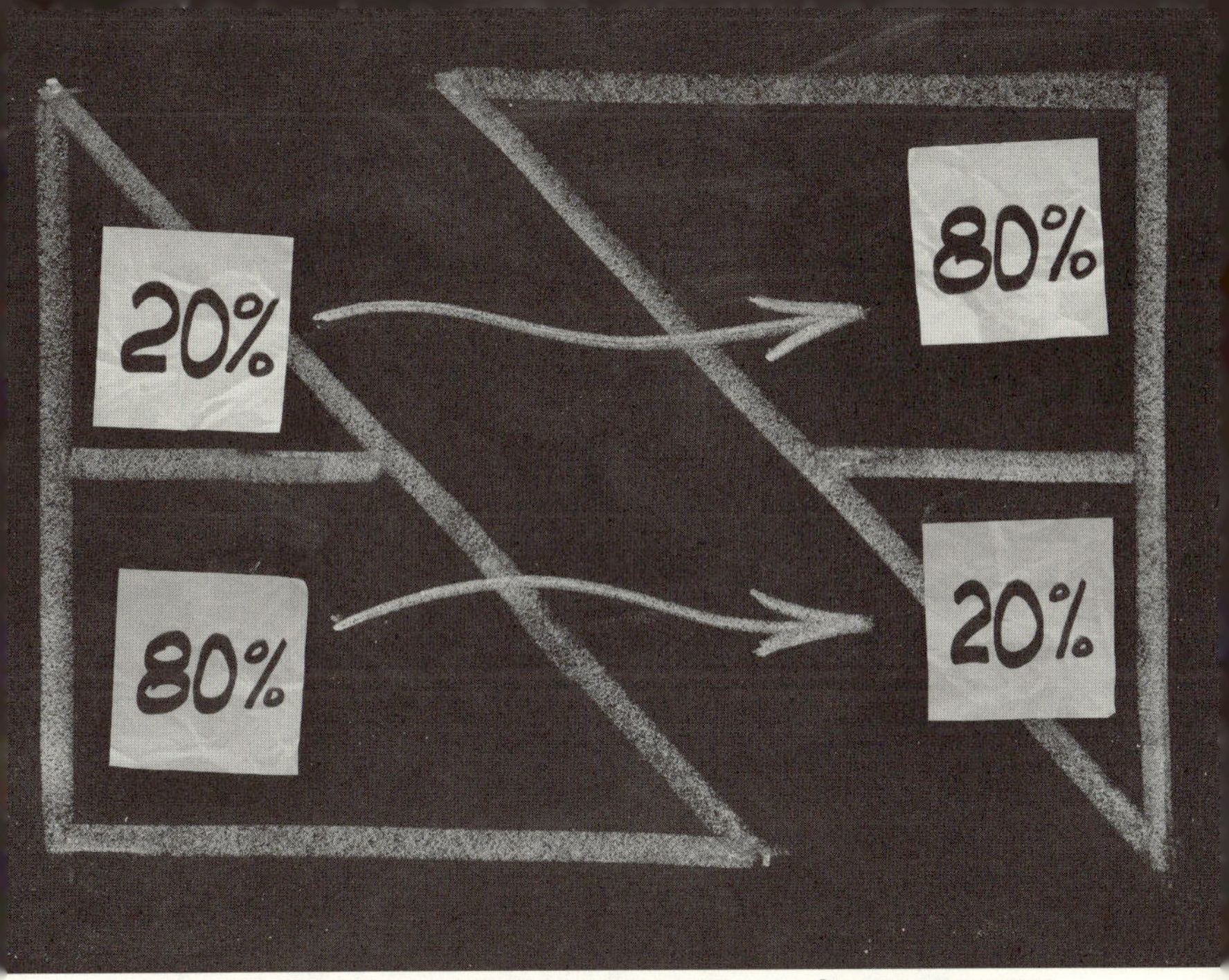

20%の利益のために費やされる80%のコスト。これを見直さない手はない　© marekuliasz / Shutterstock.com

「80：20の法則」という考え方がある。80％の売上や利益は、20％の顧客や商品によって生み出されている、という捉え方だ。

しかし、80％もの売上や利益をあげる20％の顧客や商品には、80％のコストはかからない。多くても50％程度であろう。

裏を返せば、残り20％の売上や利益を得るために、企業は50％以上のコストをかけているということになる。もし、生産性の低い80％の顧客や商品をカットして、80％の業績を生み出している20％の顧客や商品にその分の資源を投入すれば、業績はさらに良くなるはずだ。

そのうえ、手をつけられなかった商品開発や市場開拓にも取り組めるようになるだろう。これが、顧客や商品を絞り込む勇気がもたらす恩恵である。手を広げることは、必ずしも得策ではない、ということだ。

ドラッカーの言葉 78

職業人としての真摯さ

**公的な利害によって
動かされていると
自覚することこそ、
彼ら（プロたる者）に
与えられる自立性の
基礎であり、根拠である。**

『チェンジ・リーダーの条件』（p.107）

... it is the foundation of his autonomy, and indeed its rationale, that he (= the professional) see himself as "affected with the public interest."

—— Management: Tasks, Responsibilities, Practices ——

人によって態度を変えず、「何が正しいか」で行動するのが本当のプロだ　© kazoka / Shutterstock.com

どんなに一流のプロフェッショナルであろうと、ミスを犯すことから完全に逃れることはできない。プロ野球の世界では、7割が打ち損じ（ミス）でも、3割ヒットを打てば、一流打者と見なされるくらいだ。

医師や弁護士は、一般に尊敬を集める職業だが、その彼らですら、選択が必ずしも良い（最も効果的である）とはかぎらない。だが、プロである以上、知りながらわざと悪いことをしてはいけない。

また、価格や対応、法解釈などで依頼人によって違う基準を用いるのは、プロとして恥ずべきことだ。「誰が正しいか」ではなく、「何が正しいか」を基準に判断することこそ、プロとしての真摯さであり、職業倫理である。

プロの「真摯さ」とは、公的な利益を追求することであって、私的な利益を追求することではないのだ。

ドラッカーの言葉 79

「問題解決」の罠

問題に圧倒されて
機会を見失うことが
あってはならない。

『経営者の条件』（p.11）

Effective executives ...
make sure that problems
do not overwhelm
opportunities.

—— What Makes an Effective Executive
(Harvard Business Review) ——

問題ばかりに労力を割いて疲弊しては成長がない。
辛いときも機会に目を向けよう
© dotshock / Shutterstock.com

仕事をしていると、問題は次から次に発生し、とどまることがない。また、新しいことにチャレンジすれば、必ずミスや失敗や問題は発生する。もちろん、発生した問題を放置しておくわけにはいかない。さもないと、問題はさらに大きな問題を引き起こすからだ。

しかし、起こってしまった問題は、それがどれほど深刻で重大なものであろうとも、その解決によって成果がもたらされるわけではないことを、理解しておかなければならない。

問題の解決から得られるものは、損失の防止だけだ。問題の大きさに動揺し、心を奪われたままではいけない。

自動車部品などのメーカーが不良品を回収して謝罪をしても、最大でマイナスがゼロになるだけ。業績をあげることが第一の目標（ただし、唯一の目標ではない）である企業においては、チャンスに焦点を合わせなければならないのだ。

ドラッカーの言葉 80

経営者意識の大切さ

職務の重点を
貢献と業績に
置かなければならない。

『創造する経営者』(p.299)

... the emphasis has to be on contribution and results.

── Managing for Results ──

私情は連携を滞らせる。「全体への貢献」に向けて意識を統一しよう　© Monkey Business Images / Shutterstock.com

目標を達成して評価されたいがために、わざと目標を低く設定する管理者がいる。そこに会社全体の業績に貢献するという発想はない。あるのは「上層部に認められたい」という私利私欲だ。

これは一部のサラリーマン社長にも見られる傾向である。サラリーマン社長は、株主からの圧力などがあるせいで、管理者と同じように業績に進退がかかっており、保身に余念がない。

その点、オーナー社長やその後継者に決まっている管理者で仕事熱心な者には、こうした傾向はほとんど見られない。「自社の発展」に対する当事者意識が強く、職務の目的が「会社の発展に貢献すること」と明確だからだ。

経営者が「従業員に経営者意識を持たせたい」と思うのは、こうした理由からだ。私利私欲に基づく行動ではなく、全体最適に対する貢献を期待しているからである。当然、経営者側には、そうした行動を積極的に評価する制度の設置が必要になる。

© Petr Jilek / Shutterstock.com

5章

自分を一流へと導く思考習慣

【自己実現編】

一人の経営者として成果をあげる能力を高めるには、いかに振る舞い、仕事と向き合うべきか。

多大な業績を残したドラッカーの言葉には説得力がある。

ドラッカーの言葉 81

練習で成果は出せる

成果をあげる能力は
修得できる。

『経営者の条件』(p.218)

Effectiveness can be
learned.

—— The Effective Executive ——

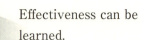

「成果をあげる方法」は繰り返し練習すれば、必ず身につけられる　© Eric Cote / Shutterstock.com

多くの優れた経営者を観察してきたドラッカーは、「成果をあげる能力は、教えることはできないが、学ぶことはできる」という。

成果をあげるためには、①時間の使い方を知る、②貢献に焦点を合わせる、③強みを活かす、④選択と集中のための優先順位づけを行うなど、基本的な知識・スキル・習慣が必要だ。

そのためには、訓練が必要になる。知っているだけでは、何も変わらないからだ。

例えば、小学生のころ「九九」を暗記したのと同じように、身につくまで繰り返し練習すればよい。

あるいは、ピアノ演奏に例えるならば、楽譜通りに弾けばよい。上手に弾けるまで繰り返し練習すればよい。

つまり、「デキる人」は初めからデキたのではない。練習を経て、成果の出し方を身につけたのだ。

ドラッカーの言葉 82

自己マネジメントの責任

**これからは、誰もが自らを
マネジメントしなければ
ならない。**

『プロフェッショナルの条件』(p.111)

More and more people in the workforce — and most knowledge workers — will have to MANAGE THEMSELVES.

—— Management Challenges for the 21st Centry ——

一流の人は、自分で自分の仕事の仕方を決めることができる　© Pressmaster / Shutterstock.com

肉体労働やサービス労働では、言われたことをやっていれば、それなりに成果をあげることができる。これらの仕事では、「何をやるか」はすでに決められており、「どのようにやるか」「いつまでにやるか」も「何を利用すればよいか」も示されているので、「どのくらい一生懸命にやるか」だけを考えていればよい。

しかし、知識労働者は、「何をやるか」から考えなければならない。なぜなら、彼らに求められているのは、「成果をあげること」だけだからだ。そのための方法やプロセスは、自分で決める必要がある。

知識労働者は、仕事の仕方で自由度が高い分、自分自身をマネジメントしなければ、成果をあげることができない。

自由と責任はワンセットである。責任を果たす人だけに自由が与えられる。

ドラッカーの言葉 83

知識労働者のマネジメント

考えることこそ、
知識労働者に
固有の仕事である。

『プロフェッショナルの条件』(p.68)

... thinking is his
(=knowledge worker's)
specific work ...

—— The Effective Executive ——

1975年7月のドラッカー。
カリフォルニア州クレアモントのオフィスにて

市場の成長が止まり、経済が成熟してくると、モノやカネではなく、知恵比べ（ヒト）の競争になってくる。

特にITが進展し、専門知識の重要度が高まると、企業の規模が勝っているからといって、競争で絶対的に優位に立てる、とはかぎらなくなってくる。管理者や技術者を含む知識労働者の働きが、業績に最も大きな影響を与えるようになるからだ。

知識労働者の仕事が、人海戦術をはるかに凌駕する成果を生み出すことも多い。

知識労働者は、現代の企業で成果の鍵を握る。だが彼らを細かく管理・監督することはできない。なぜなら、彼らの仕事場は「頭の中」にあるからだ。

当然、知識労働者が何を考えているかを確かめる方法はない。だから、彼らには、目的と目標を与え、結果を正しく評価するしかない。

ドラッカーの言葉 84

「頭の良さ」への誤解

**頭の良い者が
しばしばあきれるほど
成果をあげられない。**

『経営者の条件』(p.18)

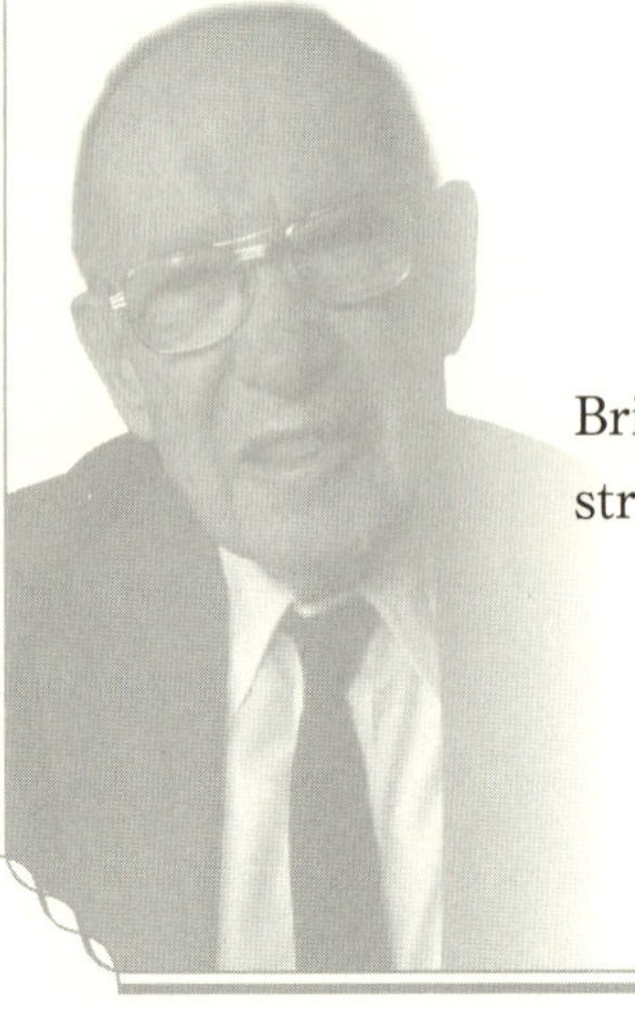

Brilliant men are often strikingly ineffectual.

── The Effective Executive ──

道具が良くても使い方を知らなければ宝の持ち腐れ。人の才能も同じだ　© Pressmaster / Shutterstock.com

プロ野球のドラフト1位指名の選手が、必ずしも好成績を残すとは限らないように、偏差値が高い大学を卒業しているのに、驚くほど凡庸な成果しかあげられない人もいる。

適性とのミスマッチが原因にあることも考えられるが、多くの場合、成果と仕事のやり方には相関関係があることを、本人が知らないからである。

頭の良し悪しは、制約条件の1つにすぎない。仕事で成果が出るのは、①全体最適とは何かを考え、②それに貢献するために仕事を体系的に捉え、③組み立てた業務プロセスを実行したときだけだ。

頭が良くても、そうした意識を持たない者に、成果をあげることはできない。よく切れる包丁を持っていても、使い方を知らなければ、おいしい料理はつくれないことと同じだ。

大企業では、そんな頭の良い者が現場を知らずに、精緻な中期経営計画書を作成することがあるが、これほど役に立たないものはない。

ドラッカーの言葉 85

成果はバランスを要する

知力や創造力や知識は、
成果の限界を
設定するだけである。

『プロフェッショナルの条件』(p.65)

... they (=intelligence, imagination and knowledge) only set limits to what can be attained.

—— The Effective Executive ——

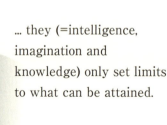

偏った能力や知識はうまく機能しない。
バランスよく自分を鍛えよう

© Christopher Edwin Nuzzaco / Shutterstock.com

仕事の成果を高めたい場合、動物の体に置き換えて考えるとわかりやすい。

知力・創造力・知識といった仕事を行うための諸機能は、肉体を構成する部位（心臓や胃など）である。それぞれの部位の働きが強くなければ、体全体は強くなれない。

しかし、部位の一つひとつが強くても、全体として連携やバランスがとれていなければ、うまく機能せず、その性能を十二分に発揮することはできない。

つまり、それぞれの部位の働きは、体全体の強さの限界を決定づけるが、成果そのものを決定づけるわけではないのだ。

この「成果はバランスを要する」という理屈を知らない人は、いくら勉強熱心でも、勉強を成果の向上に結びつけることができない。成果をあげるには、成果をあげるための方法が必要になるのである。

ドラッカーの言葉 86

習慣が成果をもたらす

成果をあげることは一つの習慣である。実践的な能力の集積である。

『経営者の条件』(p.42)

Effectiveness ... is a habit; that is, a complex of practices.

── The Effective Executive ──

一流と認められるまで能力を高めるには、習慣的に練習するしかない　© Horiyan / Shutterstock.com

成果をあげる人とあげられない人との間に、タイプや個性、才能の面での区別はない。差があるのは習慣的な行動である。

成果をあげることが習慣に起因するならば、誰でも努力で身につけることができるという話になる。

実際、「計算が苦手」という人でも、小学校の低学年で九九を習ったときは、「7・7・49《しちしちじゅうく》」などと、条件反射で言えるようになったはずだ。成果をあげる習慣も、そのように反復して修得すればよいのだ。

普通の人はピアノでショパンを、盲目のピアニスト、辻井伸行さんのように弾けるようにはなれない。あのレベルになるには特別な才能が必要だ。しかし、音階を辻井さんと同じようにたどれば、とりあえず、ショパンを弾けるようにはなる。

なお、辻井さんも血のにじむような練習がなければ、あのように天才的に弾けるようにはなれなかった。誰でも、練習次第で一人前になることはできる。

ドラッカーの言葉 87

フィードバック分析

自らの属する場所が
どこであるかを
知るために、
自らの強みを知ることが
不可欠になっている。

『プロフェッショナルの条件』(p.112)

They (=people) ... have to know their strengths so that they can know where they belong.

—— Management Challenges for the 21st Century ——

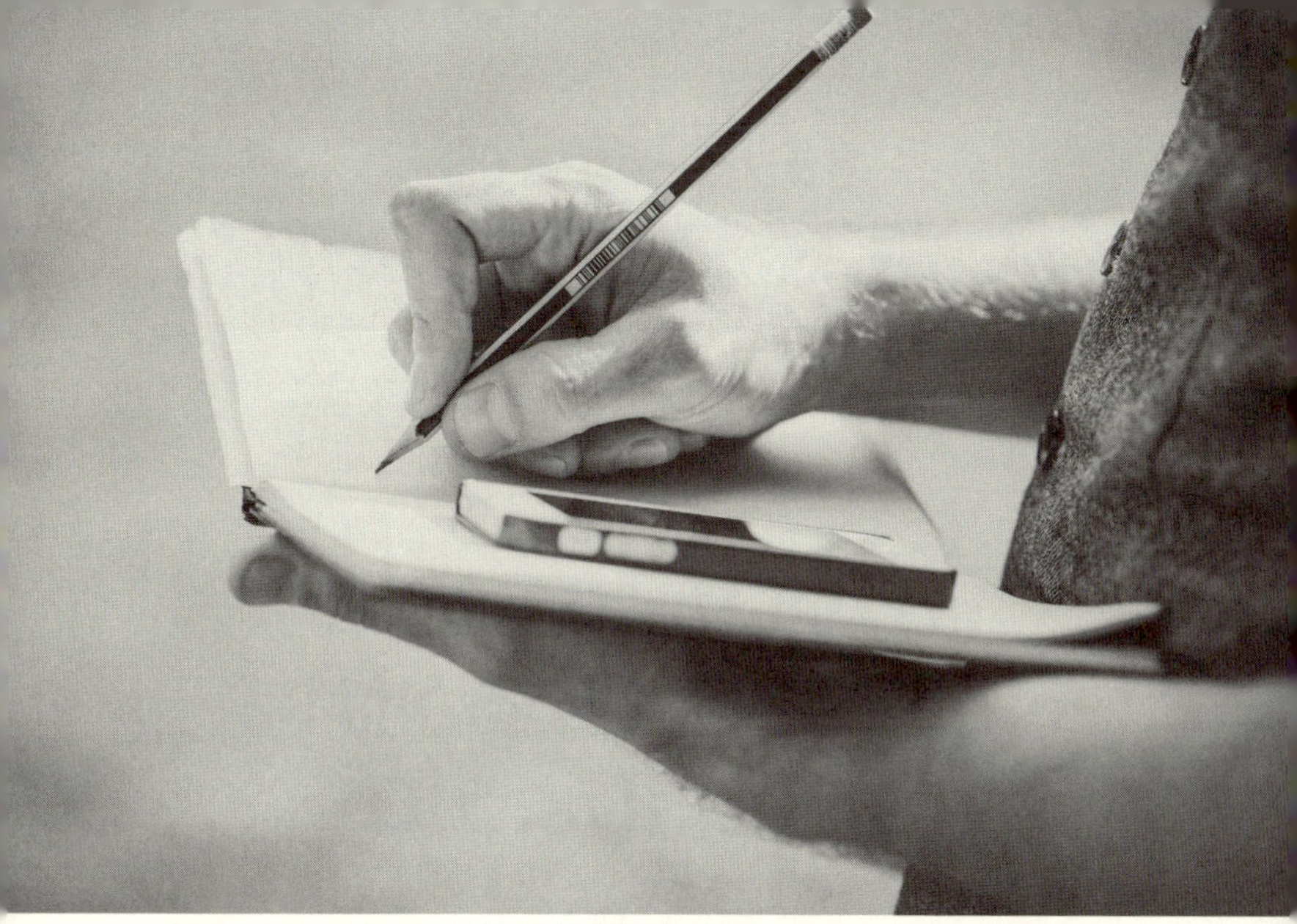

「やろうとすること」を書き留め、結果と照合する習慣を持ってみよう　© Eugenio Marongiu / Shutterstock.com

私たちには職業選択の自由がある。相手に拒否されないかぎり、自分を最大限に発揮できる場所を選ぶべきだ。

そのためには、自分の強みをよく知っておかなければならない。「自分の強みくらい知っている」と思っている人がほとんどかもしれないが、その認識には、必ずといってよいほど誤解がある。

自分の強みを正確に知るためには、「フィードバック分析」をしなければならない。やり方は単純で、何かを始めるときに、対象・期限・目標値を書き留めておくだけでよい。

その後、事前の期待値と実際の結果を照合すると、強みに基づく活動であれば成果が出ているし、強みに基づかない活動なら、成果が出ていない、ということが客観的にわかってくる。

この分析を繰り返すことで、自分の意外な一面(＝真の姿)に気づき、自分が持っている本当の強みがわかってくる。

ドラッカーの言葉 88

「仕事の仕方」を知る

自らがいかなる仕事の
仕方を得意とするかは、
強みと同じように
重要である。

『プロフェッショナルの条件』(p.114)

How Do I Perform? is as important a question ... as What Are My Strengths?

―― Management Challenges for the 21st Century ――

勉強や仕事を周りと同じようにする必要はない。自分の得意パターンをつかもう ©Chonlawut / Shutterstock.com

右利きの人が左手を使って作業するために訓練しても、右手と同じレベルの作業はできない。成果をあげるためには仕事の仕方を考えなければならないとは、そのような意味だ。

体を使う場合は、自分の利き手がどちらかは、すでにわかっているが、仕事では自分の得意なやり方をわかっていない人が驚くほど多い。

得意な仕事のやり方は、強みと同じように予《あらかじ》め与えられたもの（与件）である。従って、努力によって修正はできるかもしれないが、「自分の強みはあれにしたい」などと、変更することはできない。

自分の仕事の仕方について知っておくべきことは、①理解の仕方、②仕事の仕方である。

例えば、覚えるときは聞くのが早いか、見るのが早いか、読むのが早いか。仕事は一人のほうが捗《はかど》るか、組織で動いた方がやりやすいか、などだ。

ドラッカーの言葉 89

強みより価値観をとる

自らをマネジメントするためには、強みや仕事の仕方とともに、自らの価値観を知っておかなければならない。

『プロフェッショナルの条件』(p.117)

To be able to manage oneself, one ... has to know: "What are my values?"

—— Management Challenges for the 21st Century ——

テムズ川にかかるロンドン橋。ロンドンにて、ドイツの大学では受講者で、後に妻となるドリスと再会する

© S.Borisov / Shutterstock.com

ドラッカーは、ヒトラーを批判したことから身の危険を感じて、ドイツを離れてイギリスに渡った。

イギリスでは経済アナリストとして活躍していたが、世界的な経済学者であるケインズの話を聞いたときに、自分の関心はカネではなくヒトだと気づいたという。

それで、次の仕事が決まらない状況で、カネにかかわる経済アナリストの仕事を辞めた。ドラッカーは後に「それは正しい選択だった」と述べている。

価値観に合わない仕事では、どんなに成果をあげることができても、心から楽しむことができない。そして、人の強みと価値観は、必ずしも一致しないこともある。

そのことに気づいたときは、価値観を優先するほうが、人は幸せになれる。そこで打ち込めば、ドラッカーのように、その先で別の成果をあげることも不可能ではない。

ドラッカーの言葉 90

1つの機会に集中する

自らの強みを生かそうとすれば、その強みを重要な機会に集中する必要を認識する。

『プロフェッショナルの条件』(p.137)

... the more an executive workers at making strengths productive, the more will he become conscious of the need to concentrate the human strength available to him on mager opportunities.

——The Effective Executive——

複数のタスクを並行して進めても、良い成果は出ない。重要な1つの活動に集中しよう

© Rawpixel.com / Shutterstock.com

まじめに仕事に取り組もうとすれば、どのようなときにも、一番の制約条件になるのは時間だ。つまり、時間はいつだって足りない。

その貴重な時間を、問題処理にばかり使っていたのでは、成果をあげることはできない。最も重要なことに優先的に、集中的に取り組まなければ、2つはおろか、1つたりとも最高の成果をあげることはできない。

ヒトという資源は、一人ひとり誰もが驚くほど多様な能力を持っている。それらの能力を生産的に使うには、保有する多様な能力をさまざまなことに分散して使うのではなく、1つの仕事に集中して使うことが必要不可欠である。

人間は一度に1つのことしかできない。だから優先順位づけが必要であり、そのための選択と集中が欠かせない。自分の強みに集中してエネルギーを注ぐのだ。

ドラッカーの言葉 91

企業の“体型”を維持する

**成果をあげる者は、
新しい活動を始める前に
必ず古い活動を捨てる。**

『経営者の条件』(p.145)

… the effective executive will slough off an old activity before he starts on a new one.

── The Effective Executive ──

「あれもこれも」はやめて、自分に価値ある活動に絞り込んで手を伸ばすようにしよう

© Photographee.eu / Shutterstock.com

ヒトの集まりである企業は、ちょっと油断すると、すぐにヒトと同じように体型を崩し、締まりがない肥満体型になってしまう。

しかし、業績を伸ばし続けようとするならば、適度な脂肪をたくわえながらも、筋肉質でなければならない。

経営資源であるヒト・モノ・カネ・時間には常に制約がつきまとう以上、新しいことに取り組むときには、古いものを捨てなければ、どの活動も中途半端なものになってしまう。「あれもこれも」とため込めば、ヒトと同じように脂肪をつけて、動きが鈍くなってしまうだけだ。

企業活動が中途半端にならないためには、計画・活動・仕事を定期的かつ必要に応じて、点検し、不要なものは廃棄すること。

その際、「この計画・活動・仕事に価値はあるか」と問い直し、答えに対して、その理由も確認することが重要だ。

ドラッカーの言葉 92

時間という資源

成果をあげる者は
仕事からスタートしない。
時間からスタートする。

『プロフェッショナルの条件』(p.119)

Effective executives ... do not start with their tasks. They start with their time.

── The Effective Executive ──

時間は不可逆で、一度しか使えない。どう費やすかが成功の鍵だ　© Kuzma / Shutterstock.com

これまで、選択と集中、優先順位づけの必要性を説いてきた。

その理由は、ヒト・モノ・カネ・時間の不足にあることも説明してきた。中でも、時間の不足とどう向き合うかは、重要である。

ドラッカーは「あらゆるプロセスにおいて、成果の限界を規定するものは最も欠乏した資源である。それが時間である」と述べている。本書でも、時間について、複数のページにわたって説いてきたのはこのためだ。

時間は、他の資源と異なり、貸したり、借りたり、買ったり、いざというときに備えて貯めておくといったことができない。そのうえ、簡単に消滅する最も硬直的な資源でもある。

その時間を使いこなすことができれば、そうでない人に比べて前進の速さは段違いになる。だから、「時間を制するものは成果を制する」ともいえるのだ。

ドラッカーの言葉 93

時間の使い方の練習法

時間の使い方は練習によって改善できる。だが絶えず努力をしないかぎり、仕事に流される。

『経営者の条件』(p.58)

Time-use does improve with practice. But only constant efforts at managing time can prevent drifting.

── The Effective Executive ──

人に任せることで、人の時間を奪っていることもある。他人の時間にも敏感になろう

© XiXinXing / Shutterstock.com

時間の使い方は、練習によって改善することができる。それは、「体系的な時間の管理を継続的にやる」ことだ。

その具体的な方法は、①する必要のない仕事や、してもしなくても大きな影響が出ない仕事を見つけて捨てる、②他の人でもやれることは何かを考え、他の人に任せる、③他人に押しつけて、その人の時間を奪っている優先順位の低い仕事を排除する、の3つだ。

①や②は、自分が現在行っている活動をすべて書き出せば、すぐに見えてくるだろう。

③については、「あなたの仕事に役に立たず、時間を奪っている仕事をさせていないか」と定期的に聞くだけでよい。例えば、「自分にとってあると便利」と思っている程度の資料作成などがそれだ。思い切って頼むのをやめてしまおう。おそらく、そんなものはなくても、なんら問題はない。

ドラッカーの言葉 94

仕事を見直す3つの問い

「集中すべきことは何か」
「改善すべきことは何か」
「勉強すべきことは何か」

『プロフェッショナルの条件』(p.102)

What are the things on which we should concentrate? What are the things we should improve? What are the things each of us needs to learn?

── Drucker on Asia ──

ときにはたっぷり時間をとって、仕事ぶりを見直し、今後のテーマを練り直そう　© racorn / Shutterstock.com

ドラッカーは20歳の頃、働いていた新聞社で論説委員に抜擢された。戦争のせいで、論説委員につくべき年齢の人たちが不足していたからだ。

そこで、編集長は、人材不足に対応するために、若手スタッフを、1日も早く一人前に育てるべく人材教育に力を入れていた。

その一環として、編集長は、毎週末に1週間の仕事ぶりについて個別に話し合ったという。

さらに、半年ごとに、土曜の午後と日曜日を使って、これまでの半年間の仕事ぶりについて話し合った。優れた仕事は褒め、一生懸命に取り組んだ仕事は認め、お粗末な仕事や失敗は強く叱責した。

そして、最後の2時間で、次の半年間に取り組むことについて話し合うのだったが、そのテーマは、右の「仕事を見直す3つの問い」についてだった。

ドラッカーはこの経験が、後々、仕事を見直すときに、大いに役立ったと述べている。

ドラッカーの言葉 95

組織に必要な3つの成果

**あらゆる組織が
3つの領域における
成果を必要とする。**

『プロフェッショナルの条件』(p.85)

... every organization
needs performance in
three areas ...

—— the Effective Executive ——

それぞれが足並みを揃えながら、ベストを尽くす。
そんなチームのリーダーを目指そう

© Marcel Jancovic / Shutterstock.com

ドラッカーの言う「3つの領域」とは、①担当する業務に関わる直接的な成果、②企業の価値への取り組み、③人材の育成、である。

これら3つの領域において成果をあげることができなければ、企業はやがて沈滞し、社風は腐り、そのうちに倒産してしまう。

従って、これら3つの領域での成果は、企業で行うすべての仕事に組み込んでおかなければならない。

①は、どの企業でも取り組んでいることなので、誰にでもわかるはずだ。

②は、「ミッション」や「事業目的」に沿った言動、と言い換えることもできる。

③は、ヒトの成長が企業の成長であり、ヒトが業績を生み出すことを考えれば、どの企業にも必要不可欠であることがわかる。

成果をあげる組織とは、力を合わせて1つの正しい方向に向かうチームになっている、といえるかもしれない。

ドラッカーの言葉 96

仕事の意義を見いだす問い

「どのような貢献ができるか」
を自問しなければ、
目標を低く設定してしまう
ばかりでなく、
間違った目標を設定する。

『プロフェッショナルの条件』(p.85)

Executives who do not ask themselves, "What can I contribute?" are not only likely to aim too low, they are likely to aim at the wrong things.

── The Effective Executive ──

自分の利益のためにする活動は仕事とはいえない。
周りへの貢献こそ、仕事の価値だ

© Rawpixel.com / Shutterstock.com

自分で勝手に仕事の枠をつくり、その範囲内の仕事しかしない人がいる。しかも、担当するのは、会社全体のための仕事であることを忘れ、「これは自分個人の仕事」と決め込んで、ノウハウを囲い込み、周囲との共有を拒む。そして、存在を知りながら問題を無視したり、仕事のコツを隠したりするのだ。

その人たちが問われるべき質問が「あなたには、どのような貢献ができるのか」である。このような本質的な質問をしないから、「現状のままでよし」「保身を図るために仕事を抱え込む」となるのだ。

そのあげく、自分のやり方が許されていると勘違いし、達成すべき目標を低く設定したり、狭く設定したり、間違った仕事の仕方をしたりする。

すべての従業員を、貢献に焦点を合わせるように仕向けなければならない。そうすれば、専門分野や技能や所属部署に対してではなく、企業全体の成果から、自分の目標や仕事を考えるようになる。

ドラッカーの言葉 97

“正しい”仕事のための問い

**ほとんどの人が
下に向かって焦点を
合わせる。成果ではなく
努力に焦点を合わせる。**

『経営者の条件』(p.78)

The great majority of executives tend to focus downward. They are occupied with efforts rather than with results.

── The Effective Executive ──

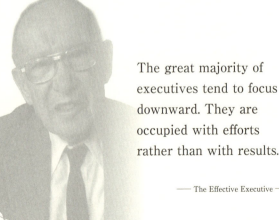

成果をあげるには、企業の最終目標から逆算して、部門目標、部署目標にブレイクダウンしていき、自分の果たすべき貢献を考えなければならない。

そのためにも、ときどき、目の前の仕事、日常的な仕事から顔を上げて、「そもそも自分の仕事は、何に貢献するための仕事か」「どのような仕事をし、どのようなやり方で仕事をすれば、企業の成果に最も貢献できるか」を確認する習慣を持つようにしなければならない。

そうして、「そのためにやるべきことは何か」「優先順位は何か」を考える。時間のあるなしや、周りの人との協調を中心にするのではなく、貢献責任を中心に仕事をすることが重要だ。

足元ばかり見て、歩きやすい道ばかりを選んで進んでいたのでは、いつの間にか間違った山を登り始めていたり、気づいたら知らない道に来て迷子になっていた、という事態に陥りかねない。

ずっと下を向いていると、迷子になってしまう。
ときどきは顔を上げ、広い視野で仕事を見直そう

ドラッカーの言葉 98

貢献が成長を呼ぶ

人の成長の助けに
なろうとすることほど
自らの成長に
なることはない。

『現代の経営 上』(p.262)

... no one develops as much as the man who is trying to help others to develop themselves.

── The Practice of Management ──

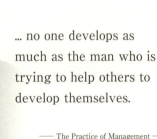

「人の役に立とう」という思いで人は伸びる。
人は一人で成長することなどできないのだ

© Matej Kastelic / Shutterstock.com

「情けは人のためならず」という諺《ことわざ》がある。後には「まわりまわって己がため」が続く。人のために行動すれば、巡り巡って良い報いが返ってくる、という意味だ。

仕事の場面で良い例が、人に教えることで最も恩恵を受けるのは、教える相手や会社ではなく、教える本人である、という事実だ。裏を返せば、「人の成長のために働かないかぎり、自分の成長もない」ともいえる。

筆者は経営コンサルタントという職業柄、教えるのが仕事の本質だ。そのため、新しい情報を仕入れる活動をしていることも多い。

そこで気づくのは、自分自身が知るためだけに本を読むときと、教えるための情報収集として読むときの吸収力がまったく違うこと。

人に教えるときは曖昧《あいまい》さが許されないので、読んだことがよく身につく。つまり、人の役に立とうという意識が、成長につながるのだ。

ドラッカーの言葉 99

制約は平等である

「何もさせてくれない」という言葉は、惰性のままに動くための言い訳ではないかと疑わなければならない。

『経営者の条件』(p.131)

The assertion that "somebody else will not let me do anything" should always be suspected as a cover-up for inertia.

── The Effective Executive ──

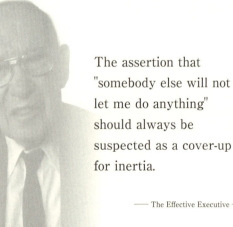

成果をあげる人は、何もできない状況でも手を尽くして試行錯誤する習慣を持っている　© Jerry Sliwowski / Shutterstock.com

士業の人たちや医療や運輸、通信といった規制業種の人たちを見ていると、法律で禁止されている範囲以上のことまで、自分たちで勝手に（自主的に）規制し、自ら手枷《てかせ》足枷《あしかせ》をしていることが多い。あるいは、先輩や職場の慣例は丸ごと継承し、必要性を問い直したり、意義を疑うことをしない。

だが、優秀な弁護士や税理士は、法律や状況を正しく認識し、それに基づいて判断して行動するので、顧客の要望に応えることができ、さらに顧客を増やしている。

成果をあげ、かつ業績をあげている人にも、業績をあげていない人と同じように、制約はある。

ただ、成果をあげる人たちは、成果をあげられない人たちと同じ制約下でも、できることを探して、次々に実行する。

そのプロセスを繰り返すことで、制約が制約でなくなるステージに到達できることを知っている。

これが成長への近道だ。

会議で一番重要なもの

「なぜこの会議を開くのか」「決定するためか、情報を与えるためか、確認するためか」を問う必要がある。

『経営者の条件』(p.97)

They (=effective executives) ask themselves: "Why are we having this meeting? Do we want a decision, do we want to inform, or do we want to make clear to ourselves what we should be doing?"

—— The Effective Executive ——

目的の見えない会議は苦痛なだけ。
参加者の目的意識を統一させて臨むようにしよう

© Andrey_Popov / Shutterstock.com

協働の場であり、役割分担の体系でもある企業に「会議」はつきものだ。

その目的もさまざまで、活動のための目的や目標の設定や確認、進捗状況のチェック、結果の評価、新しい仕事のやり方に関する情報交換などがある。

なかには、顔を合わせることが目的、といった会議もある。これもときには、一体感を高めるために、必要不可欠な会議である。

人と会って議論することを「会議」とするなら、同僚と2人で行う打ち合わせ、取引先との商談も会議の一形態である。

会議で最も必要なのは目的だ。目的がはっきりしていれば、いつ・どこで・どんなスタイルで行われようと、その会議を有意義にすることは可能である。一方、目的が曖昧な会議は、時間だけがムダに過ぎていく。多くの時間を使う会議の生産性をあげなければ、企業にとっても個人にとっても生産的な活動にならない。

ドラッカー・マネジメントの全体像

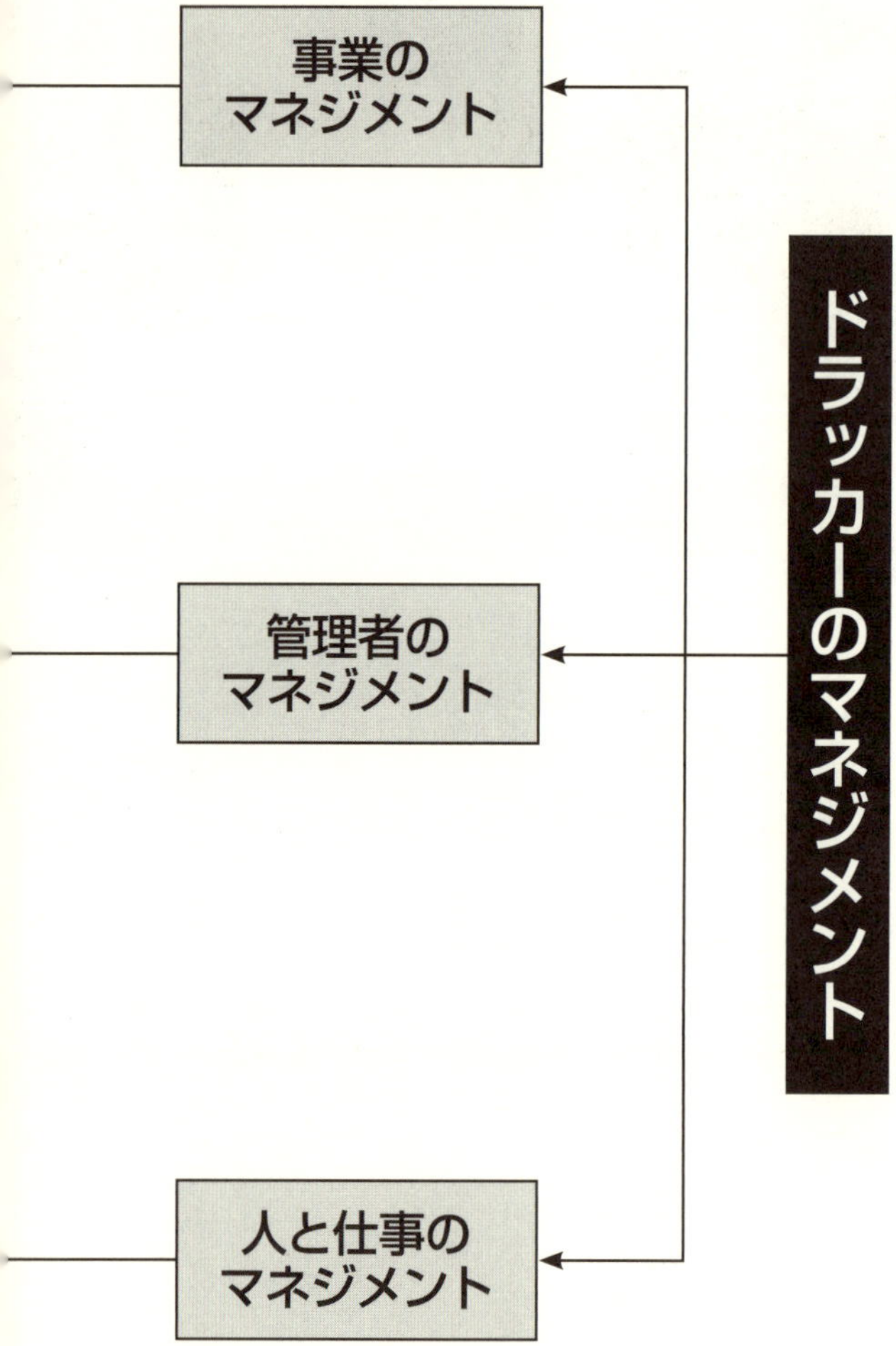

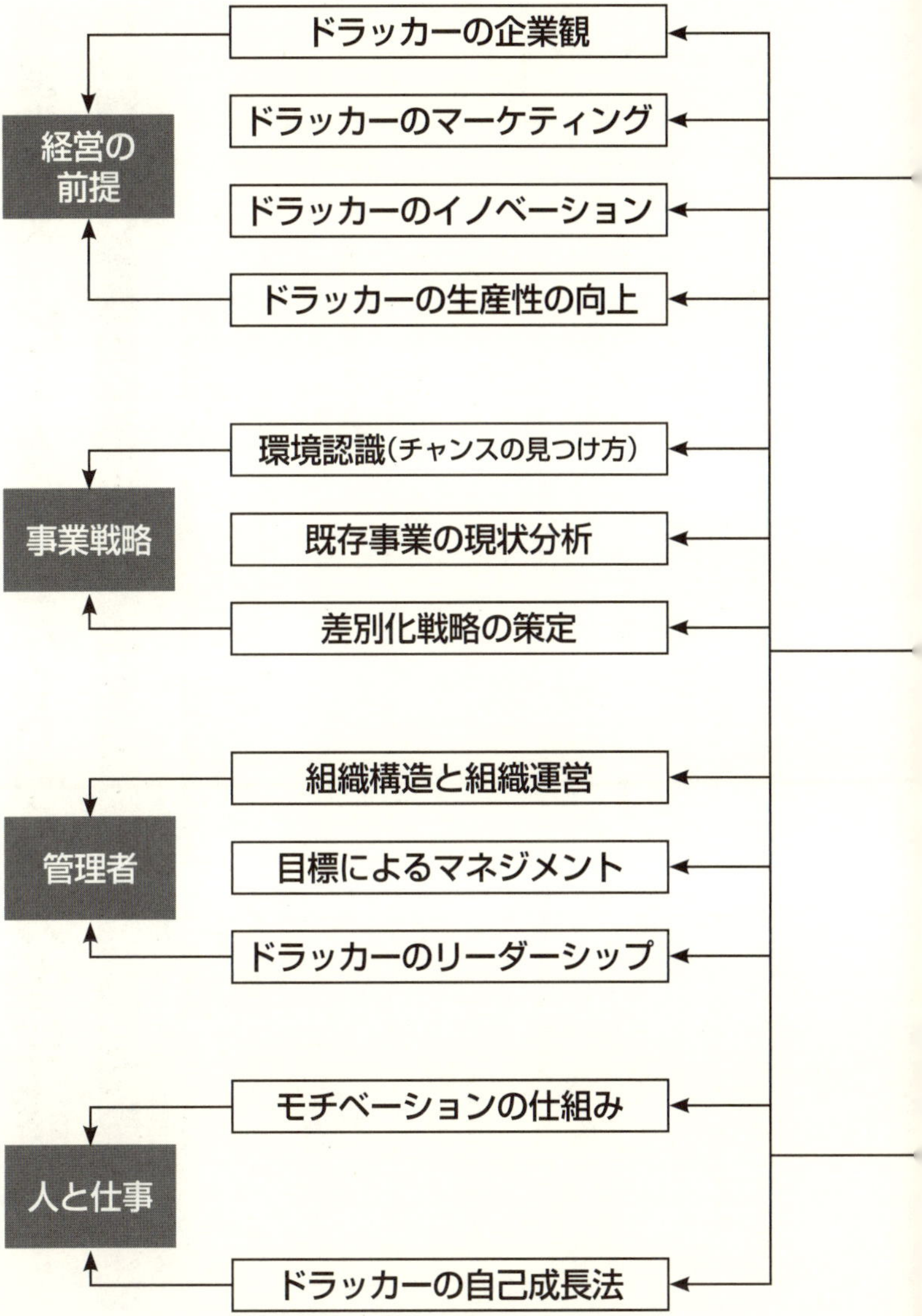
経営の前提
ドラッカーの企業観
ドラッカーのマーケティング
ドラッカーのイノベーション
ドラッカーの生産性の向上
事業戦略
環境認識(チャンスの見つけ方)
既存事業の現状分析
差別化戦略の策定
管理者
組織構造と組織運営
目標によるマネジメント
ドラッカーのリーダーシップ
人と仕事
モチベーションの仕組み
ドラッカーの自己成長法

経営学の父　ピーター・F・ドラッカー年譜

西暦（年齢）	事歴	主な出来事
1909年	オーストリアのウィーンにて、父アドルフ、母キャロラインの間に生まれる。アドルフは、オーストリアの政府高官で、退官後は、欧米各地で大学教授を歴任。母は女性精神科医で当時としては珍しいキャリアの持ち主。	伊藤博文が中国ハルビン駅にて暗殺される。1914年、サラエボ事件にて第一次世界大戦勃発。
1919年（10）	ウィーンのギムナジウム（中高一貫校のような所）に入学。	連合国とドイツとの間で、ベルサイユ条約が調印される。
1927年（18）	ギムナジウムを卒業し、ドイツのハンブルク大学法学部に入学。同時に、商社に就職し、事務見習いを経験。	アメリカのリンドバーグが大西洋を横断飛行。
1929年（20）	フランクフルト大学法学部に編入。アメリカ系証券会社に就職して二足のわらじを履くが、証券会社が倒産し職を失う。	ニューヨーク株式市場が大暴落し、世界恐慌が勃発。
1930年（21）	地元有力紙『フランクフルト日報』で経済記者を務める。	インドでガンディーが塩の行進を率いる。
1931年（22）	フランクフルト大学にて法学博士号を取得。	柳条湖事件（満州事変）。
1933年（24）	初めての著書『フリードリッヒ・ユリウス・シュタール、保守政治理論と歴史的展開』を完成。4月にロンドンで保険会社に勤務、後に銀行へ転職する。	ドイツでナチス党の党首ヒトラーが首相に。ドイツは国際連盟を脱退。
1937年（28）	ドリス・シュミットと結婚し、アメリカに移住（後に1男3女をもつ）。イギリスの新聞に寄稿したり、ヨーロッパ投資信託会社に経済短信を送るなどして収入を得る。（翌年、両親もアメリカに移住）	イタリアが国際連盟脱退。日中戦争開始。

1939年（30）	ニューヨーク州のサラ・ローレンス大学にて経済学と統計学の非常勤講師を務める。『経済人の終わり』出版。	ドイツがポーランドに進軍し、第二次世界大戦勃発。
1942年（33）	バーモント州のベニントン大学にて哲学・政治学の教授に就任する（〜1949年）。政府のスペシャル・アドバイザーに従事。『産業人の未来』出版。	ソ連対ドイツのスターリングラード攻防戦が展開。
1943年（34）	ゼネラルモーターズ（GM）のマネジメントを調査し、コンサルティングを行う。アメリカ国籍を取得。	イタリア降伏。第二次大戦の終結へ（45年）。
1946年（37）	『企業とは何か』出版。	極東国際軍事裁判（東京裁判）開廷。
1947年（38）	欧州でのマーシャル・プラン実施を指導する。調査としてフランス、イギリス、イタリア、ベルギー、西ドイツを視察。	アメリカ、マーシャル・プラン（ヨーロッパ復興計画）を発表。
1950年（41）	ニューヨーク大学経営学部で教鞭を執る（〜1971年）。〝The New Society〟（邦訳『新しい社会と新しい経営』）出版。	朝鮮戦争が始まる（〜1953年）。
1954年（45）	『現代の経営』出版。マネジメントの発明者（父）との評価を得る。母・キャロライン死去。	パリ協定で西ドイツは主権を回復。
1957年（48）	『変貌する産業社会』出版。産業社会がモダンからポストモダンへ移行する様子を分析。	ヨーロッパ経済共同体（EEC）調印。ソ連が人工衛星打ち上げに成功。
1959年（50）	7月に初訪日し、東京、大阪などで講演。	キューバ革命。
1964年（55）	『創造する経営者』出版。同書は世界で初めての経営戦略書とされる。	東京オリンピック開催。
1966年（57）	『経営者の条件』出版。本書では、個人の成果を最大限に引き出す行動習慣を分析的に整理。6月に日本政府より「産業経営の近代化および日米親善への寄与」により勲三等瑞宝章を授与される。	中国で文化大革命。

1967年（58）	父・アドルフ死去。	ASEAN結成、EC成立。
1969年（60）	『断絶の時代』出版、社会の転換期が到来することを予告し、知識社会への移行を説く。	アメリカでアポロ11号、月面に着陸。
1971年（62）	5月、カリフォルニア州クレアモントに住まいを移す。クレアモント大学院大学社会科学部教授に就任し、マネジメント研究科を創設。	ドルと金の交換停止（ニクソン・ショックまたはドル・ショック）。
1973年（64）	マネジメント研究の成果をまとめ『マネジメント　課題、責任、実践』を出版。	第4次中東戦争。ベトナムから米軍が撤退。
1975年（66）	「ウォール・ストリート・ジャーナル」紙への寄稿を開始。以後20年に渡り論述を展開する。	ベトナム戦争終結。東ティモール独立を宣言するも、インドネシアが武力侵攻。
1980年（71）	『乱気流時代の経営』出版し、バブル到来を予告。	イラン・イラク戦争開戦（～88年）。
1881年（72）	GEのCEOジャック・ウェルチとともに経営戦略を開発。『日本成功の代償』出版。	英チャールズ皇太子とダイアナ結婚。
1982年（73）	小説『最後の四重奏』出版。	フォークランド紛争。
1983年（74）	『変貌する経営者の世界』出版。	東京ディズニーランド開園。
1985年（76）	『イノベーションと企業家精神』出版。イノベーションの起こし方を体系的に論じた初めての経営書とされる。	ソ連書記長にゴルバチョフが就任。
1986年（77）	『マネジメント・フロンティア』出版。	チェルノブイリ原発事故。

1989年（80）	『新しい現実』を出版、東西冷戦の終結を予告。	マルタ会談（冷戦終結）、天安門事件、昭和天皇崩御。
1990年（81）	『非営利組織の経営』出版。	湾岸戦争、東西ドイツ統一。
1992年（83）	『未来企業』『すでに起こった未来』出版。	ボスニア・ヘルツェゴビナ紛争。
1995年（86）	『未来への決断』出版。	阪神・淡路大震災、地下鉄サリン事件。
1996年（87）	ドラッカーと中内功の往復書簡を収録した『挑戦の時』『創生の時』出版。	ビル・クリントンが米大統領で再選。スティーブ・ジョブズがアップル社に復帰。
1998年（89）	『P・F・ドラッカー経営論集』出版。	長野オリンピック開催。
1999年（90）	『明日を支配するもの』出版。	マカオ返還。
2000年（91）	『プロフェッショナルの条件』『チェンジ・リーダーの条件』『イノベーターの条件』出版。	小渕首相が死去。
2002年（93）	『ネクスト・ソサエティ』出版。アメリカで最高位の勲章「大統領自由勲章」を序される。	ユーロ通貨の流通が始まる。
2004年（95）	邦訳『実践する経営者』出版。	スマトラ島沖地震。
2005年	邦訳『テクノロジストの条件』出版。11月11日、クレアモントの自宅にて、96歳の誕生日を目前に永眠。	第264代ローマ教皇ヨハネ・パウロ2世死去。

【主要参考文献】
P.F. ドラッカー『イノベーションと企業家精神』『経営者の条件』『現代の経営　上・下』『創造する経営者』『マネジメント　課題、責任、実践　上・中・下』（上田惇生 訳、ダイヤモンド社）／P.F. ドラッカー『プロフェッショナルの条件』『テクノロジストの条件』『チェンジ・リーダーの条件』（いずれも上田惇生 編訳、ダイヤモンド社）／ピーター .F. ドラッカー『P.F. ドラッカー経営論』(DIAMOND ハーバード・ビジネス・レビュー編集部 編訳、ダイヤモンド社)、P.F. Druker “The Effective Executive” “Innovation and Entrepreneurship” “Managing for Results” “Management Challenges for the 21st Century” “Management: Tasks, Responsibilities, Practices” “The Practice of Management ” HarperCollins Publishers / “The Frontiers of Management” “Managing in a Time of Great Change” Routledge ほか

【著者】
藤屋伸二（ふじや・しんじ）
藤屋ニッチ戦略研究所株式会社、代表取締役。1956 年、福岡県生まれ。1998 年からドラッカー研究を始め、独自のコンサルティング手法を開発し、主に中小企業に対して“ドラッカーのニッチ戦略”の普及活動を行う。これまでに 200 社以上の業績V字回復や業態転換などを支援してきた実績を持つ。著書・監修書は『まんがと図解でわかるドラッカー』『まんがでわかるドラッカーのリーダーシップ論』（ともに小社刊）など多数あり、累計発行部数は 206 万部超。セミナーなども積極的に行っていることから、「日本でもっともドラッカーをわかりやすく伝える男」と呼ばれている。中小企業にドラッカーのニッチ戦略を普及させるための会員制セミナー【ドラコン藤屋のニッチ戦略塾】を全国各地で主宰している。
http://niche-strategy.co.jp/

ドラッカー100の言葉
経営学の父が説く人生を成功に導く発想

2016年2月26日　第1刷発行

著　者　藤屋伸二
発行人　蓮見清一
発行所　株式会社 宝島社
〒102-8388　東京都千代田区一番町25番地
電話：営業 03(3234)4621／編集 03(3239)0646
http://tkj.jp
振替 00170-1-170829　㈱宝島社
印刷・製本　サンケイ総合印刷株式会社

ISBN978-4-8002-4951-7